国際的難民保護と負担分担

新たな難民政策の可能性を求めて

杉木明子 著

法律文化社

まえがき

　2013年以降，難民問題に対する関心が高まるとともに，様々な場で難民保護に関する国際協力や難民受入に伴う負担（または責任）を共有する必要性が唱えられている。本年（2018年）は，2016年9月の「難民と移民に関する国連サミット」で採択された「ニューヨーク宣言」に基づき，難民・移民問題に関するグローバル・コンパクトが採択される予定である。だが，このように難民保護がグローバル・レベルで喫緊の政治的課題となったことは，決して新しい事象ではない。これまでにも大量の難民が発生した場合，国際社会の関心は高まったが，難民問題を解決するための根本的な施策が実施されてきたとは言い難い。

　ウィリアム・イースタリーは，世界には2種類の貧困の悲劇があると述べている。第1は，貧困は人々を苦しめているという悲劇であり，第2は，資金はあるのに，それが本当に必要としている人へ届いていない悲劇である。イースタリーは，第2の悲劇に特に注目している。第2の悲劇が起きるのは，従来行われてきた貧困問題のアプローチに問題があり，これまでの壮大な計画（「ビッグ・プラン」）を改革しなければ，問題は解決しない。そして，そのためには，トップ・ダウンで「ビッグ・プラン」のアプローチを提唱する「プランナー」の視点ではなく，「サーチャー」的考え方が必要であると論じている。ここでいう「サーチャー」とは，個々の実情に応じて，どのような援助が必要かを考え，実際に試行錯誤を繰り返しながら，個々の問題解決を探り，本当に必要とされる支援が提供され，人々を満足させたのか検証する具体的な成果を重視する立場である。[1]

　イースタリーの指摘は，難民支援にも通底する示唆に富んでいる。国際的な難民保護に関しては，これまで様々な「ビッグ・プラン」が語られ，難民問題に関する国際レジームやグローバル・ガバナンスが形成されてきた。しかしながら，これらのプランや制度がグローバル・サウス（「南」）の難民の保護や難

i

民問題の解決に寄与した事例はさほど多くない。本書は，イースタリーが提起する「サーチャー」の立場を重視していきたい。むろん，難民の権利に大きな影響を与える難民政策や法制度の改革など「ビッグ・プラン」も重要である。しかし，多くの国で難民が十分に保護されていないのは，国際基準に沿った難民政策や法制度が策定されていないからではなく，運用する上で様々な障害があり，難民問題に対処する制度が形骸化しているからである。そのため，援助を最も必要とする機関や組織，そして難民へ支援が十分に届いていないのである。言うまでもなく，難民保護のための国際的負担分担は，難民および難民受入国へ支援を提供するための一手段に過ぎない。究極の目的は個々の難民受入地域や受入社会の状況に応じて，難民が尊厳ある生活を送ることであり，その実現のために必要な物的・人的資源を確保することである。

　石井が指摘しているように，国際政治・国際関係の理論において，難民・移民問題が注目されるようになったのは，さほど古いことではない。国際関係論の主要理論であるリアリズム，リベラリズム，マルクス・レーニン主義，コンストラクティヴィズム等は，国際的な人の移動に対してさほど関心を示してこなかった。しかし，1990年代半ば以降，特に2001年9・11同時多発テロ事件以後，国際関係論の研究者たちは人の国際移動に対して関心を示すようになっていった。これまでの国際政治，国際関係論における難民研究は，①各国または地域レベルの難民政策や入国管理，②グローバルまたは地域レベルの難民レジームやガバナンス，あるいは③難民の移動に伴う安全保障への影響などを分析した研究が中心であった。[2]しかし，国際的な難民支援や国際協力がどのように難民保護に関わっているのかといった，難民に関する法制度やグローバルな難民レジームやガバナンスといったメカニズムとその実効性の相関関係を検証した研究はさほど多くない。本書は，グローバル・サウスの難民受入国の負担を軽減するために実施されてきた難民開発援助と第三国定住を分析することで，「プランナー」と「サーチャー」をつなぎ，理論と現実を架橋することで，新たな難民政策を考察する一助となることをめざしている。そのために，まずこれまでどのような国際的負担分担が実施されてきたかを理解することから始めたい。

注
1) William Easterly, *The White Man's Burden: Why the West's Efforts to Aid the Rest Have Done So Much Ill and So little Good*, Penguin Books, 2006, pp.3-30.
2) 石井由香「序論 移民・難民をめぐるグローバル・ポリティクス」『国際政治』第190号，2018年，4〜5頁。

目　次

まえがき

序　章 ——————————————————————— 1

第1部　理論分析

第1章　難民保護と国際的負担分担：
　　　　なぜ負担分担は必要なのか ——————————— 9

はじめに　9

1　難民の受入に伴う「負担」とは何か　10

2　国際的負担分担に関する規範　11

3　グローバル・レベルでの難民保護と負担分担の状況　13
　　（1）難民の移動と難民受入国の状況
　　（2）財政的負担分担の状況
　　（3）物理的負担分担の状況

4　国際的負担分担を担う理由　18
　　（1）人道的・道義的理由とグローバル正義論
　　（2）国際的負担分担と国益

おわりに　27

第2章　難民問題と国際的負担分担の歴史的変遷 ——— 31

はじめに　31

1　アフリカ難民国際会議：1981〜1984年　32

2　中米難民国際会議：1987〜1995年　35

3　インドシナ難民包括的行動計画：1988〜1996年　39
　　4　コンベンション・プラス・イニシアティブ：2003〜2005年　42
　　5　ソリューションズ・アライアンス：2014年〜　44
　おわりに　45

第3章　国際的負担分担をどのように実施するか ―― 49

　はじめに　49
　1　国際的負担分担を実現するための条件　49
　　（1）グローバル公共財
　　（2）ゲーム理論
　2　国際的負担分担の制度化に関するアイディア　55
　　（1）負担の分配に関する基準や指標
　　（2）制度に関するモデル
　3　国際的負担分担と難民の権利　61
　　（1）財政的負担分担
　　（2）物理的負担分担と難民の権利
　4　ドナーの政治的動機と負担分担に関する若干の考察　65
　おわりに　66

第2部　事例研究

第4章　難民の受入に伴う負担と難民の経済活動：
　　　　ウガンダの事例から ―― 73

　はじめに　73
　1　ウガンダにおける難民政策　74
　　（1）難民政策概要
　　（2）難民の法的権利
　2　寛大な難民政策の背景　79
　3　難民の経済活動と経済的貢献　82

　　　　（1）ナキバレ難民居住地
　　　　（2）カンパラ

　　おわりに　87

第5章　財政的負担分担としての難民開発援助と
　　　　ドナーの動向：デンマークの事例から ──── 94

　　はじめに　94

　1　ヨーロッパにおける「出身地域保護論」と EU 諸国　95
　2　デンマークにおける難民問題と「出身地域イニシアティブ」　97
　　　　（1）難民問題の「政治化」
　　　　（2）フォー・ラスムセン政権下の開発援助政策
　　　　（3）ROI と援助実施体制
　　　　（4）ROI と「市民社会組織」
　3　デンマークによる「出身地域イニシアティブ」と
　　　　難民保護の負担分担　102
　　　　（1）難民受入国の負担とは何か
　　　　（2）「出身地域イニシアティブ」：概要
　　　　（3）デンマークとザンビア・イニシアティブ（ZI）

　　おわりに　109

第6章　第三国定住と難民保護の現実：
　　　　ケニアに居住するソマリア難民の事例から ── 114

　　はじめに　114

　1　ケニアにおけるソマリア難民の状況　115
　2　ケニアにおける難民政策　117
　3　難民問題の恒久的解決策とソマリア難民　122
　　　　（1）自発的帰還
　　　　（2）庇護国定住
　4　第三国定住の実態　128
　　　　（1）第三国定住のプロセス

（2）ケニアに住むソマリア難民の第三国定住受入
　　5　第三国定住の問題　132
　　おわりに　137

第7章　国際的難民保護の「物理的負担分担」と第三国定住受入国の動向：カナダの事例から──145

　　はじめに　145
　　1　カナダにおける難民政策の変遷　147
　　　　（1）第1期（1945～1969年）
　　　　（2）第2期（1969～1978年）
　　　　（3）第3期（1978～2002年）
　　　　（4）第4期（2002年以降）
　　2　カナダにおける第三国定住政策　158
　　　　（1）国外難民保護制度概要
　　　　（2）国外保護制度の制度的問題
　　3　なぜ第三国定住難民を受け入れるのか　163
　　　　（1）人道主義的伝統
　　　　（2）庇護申請者・難民の選別と経済的正当化
　　　　（3）対外的イメージ
　　おわりに　175

終　章 ──187

　　あとがき
　　著者紹介

序　章

　残念ながら，人は平等に生まれない。どの時代にどの国のどのような政治体制，経済状況，自然環境の下に生まれるか。どのような属性を有する人として生まれるか，人は自ら選択して生まれることはできない。だが，偶然に生まれた時代，生まれた政治体制，あるいは社会的属性ゆえに，迫害を受けたり，避難を余儀なくされる場合がある。人類の歴史は移動の歴史でもあるが，迫害や紛争などから逃れるために移動を余儀なくされている人を難民と定義するならば，難民の移動の歴史も古い。いずれの時代，いずれの地域においても難民が常に歓待され，庇護を受けたわけではなかったが，これまでの研究から古代ギリシア時代から難民保護の在り方が議論され，難民支援が行われてきたことが明らかになっている。[1]

　このように難民の移動は決して現代の問題ではないが，20世紀に入り，大規模な紛争の増加，広大な領域を支配していた帝国の崩壊などで難民が急増し，難民問題に対する国際的な関心が高まると，グローバル・レベルで難民保護に関する規範が本格的に整備され[2]，国際難民レジームが形成されていくこととなった[3]。1950年に発足した国連難民高等弁務官事務所（UNHCR），1951年「難民の地位に関する条約」（以下，1951年難民条約）および1967年「難民の地位に関する議定書」（以下，1967年難民議定書）は今日の国際難民レジームの核である。さらに1969年に「アフリカにおける難民問題の特殊な側面を規律するアフリカ統一機構条約」（以下，OAU難民条約），1984年に中南米地域では「難民に関するカルタヘナ宣言」（以下，カルタヘナ宣言）が採択されているように[4]，地域レベルでの難民保護の取組もみられる。しかしながら，現存する難民保護のための諸制度が難民を保護するために十分に機能しているとは言い難い。145ヶ国

が1951年難民条約に加入し、146ヶ国が1967年難民議定書に加入しているにもかかわらず、加盟国は国際難民条約を遵守しておらず、ノン・ルフールマン（non-refoullement）原則に違反する政策が実施されている。その傾向は特に1990年代以降、顕著になってきた。多くのアフリカ諸国も、従来の門戸開放型難民政策を転換し、1990年代以降、安全保障や政治、経済、社会的理由から難民の受入を拒否したり、難民の権利を否定する抑圧的な難民政策を行う傾向がみられる。条約が批准されても遵守されない、「遵守ギャップ」は規範を履行することに伴う負担が大きい場合、起こりやすくなる。多大な負担を伴う難民の受入は「遵守ギャップ」が生じる典型的な事例の1つと言われている。

　難民の受入に伴う負担（コスト）を特定することは難しいが、難民の移動は受入国の政治、経済、社会、安全保障等の問題に直接または間接的に影響をもたらすと認識されている。同時にグローバル・レベルにおいて難民の受入に伴う負担は公平に分担されていないのが現状である。UNHCRによると、2016年末の時点で世界には2250万人の難民、2080万人の庇護申請者がいるが、グローバル・サウスに世界の約84%の難民が居住している。近年、ヨーロッパで庇護を希望する人の移動と難民が増加したことから、「ヨーロッパ難民危機」などといった言葉が多用され、ヨーロッパ諸国で「政治問題化」した難民問題がメディアなどで頻繁に報道されている。だが、ヨーロッパ諸国への難民の移動が最も多かった2015年の時点で、全世界には320万人の庇護申請者がいたものの、EUの28ヶ国における庇護申請者数は132万2835人で、全体の約3分の1であった。2015年末の時点で、シリア難民の7割以上は、トルコ、ヨルダン、イラク、エジプトなどのシリア近隣諸国におり、ヨーロッパに到着した難民は全シリア難民の8％に過ぎない。また2016年に約36万2000人が地中海を越え、ヨーロッパへ移動したと推計されているが、ウガンダは2016年だけで約48万9000人の南スーダン難民を受け入れている。難民の数だけでなく、GDPや人口比でみた場合も、「南」の国々の過重な負担を担っている。このような現状に対して、「国際社会」、国家、そして私たちはどのように対応すべきなのであろうか。

　本書は、すべての人は人であるというだけで基本的人権を有し、本人の選択でないにもかかわらず、人権侵害や紛争等によって移動を余儀なくされている

人々が潜在的能力を活かし，尊厳のある生活を送る権利があり，庇護を求める人々を支援することは人類の一員として，誰もが果たすべき最小限の義務であるという立場に立つ。その義務を遂行する上で，特定の国や地域に過度な負担が生じたり，難民保護に必要な十分な物的・人的資源を持たない場合，国際的な負担分担によって難民保護のための国際協力を推進していく必要がある。一般的に国際難民レジームには「難民保護（refugee protection）」と「負担分担（burden-sharing）」の2つのサブ・レジームが存在すると解されている。前者は広く認知され，ノン・ルフールマン原則として規範が整備されてきた。後者に関しては，1951年難民条約の前文等で言及されているが，法的拘束力を有する規範はない。本書では，アフリカに住む難民の保護に焦点をあて，これらの難民の権利を保護するためにどのように負担分担を実施していくべきなのかを理論および事例研究から分析していきたい。

　ここでアフリカを対象とした主な理由は以下の3点にある。第1に，アフリカはグローバル・サウスのなかでも最も低所得国が多く，世界の難民の約30%がアフリカに居住しており，難民の受入に伴う負担がアフリカ諸国に偏重しているからである。第1章でみるように，2007年から2016年までのGDP1ドルあたりの年間平均難民受入数が最も多い上位10ヶ国はすべてアフリカ諸国であった。第2に，アフリカの難民受入国では多くの難民が自発的帰還や第三国定住の可能性がなく，5年以上，第一次庇護国に滞留している「長期滞留状態（Protracted Refugee Situations）の難民」（以下，長期滞留難民）であり，難民受入国の負担が持続している。第3に，難民受入国の難民政策は難民の生活に影響をもたらすだけではなく，地域の安定と平和へも直接的または間接的に影響を与える。難民が発生する要因の1つは紛争であるが，難民はまた紛争や地域不安定化の要因にもなっており，適切に難民問題に対応することが求められている。

　本書では難民として認定され，法的な地位を得る意思を持ちつつ，庇護申請を提出していない者を庇護希望者，認定申請をした者を庇護申請者とする。なお，便宜上，迫害，人権侵害，紛争などから逃れるために，国境を越えて移動したすべての人（庇護希望者，庇護申請者を含む）を難民と呼ぶ場合がある。近

年,難民受入国に対する財政援助や第三国定住による受入を「負担分担」ではなく,「責任分担（responsibility-sharing）」と呼ぶ場合が多い。それは,負担分担という言葉が難民の存在を負担ととらえ否定的な存在とみるイメージを反映していると考えられ,中立的な「責任分担」という言葉が好まれているからである[13]。本書では,過去から今日までの議論の連続性を考察するため,負担分担という言葉を使う。ただし,難民が負担のみを受入国へもたらす存在ではないことは明記しておきたい。個々の難民は異なるものの,多くの難民は潜在的な能力を有し,適切な機会と支援が与えられるならば,庇護国へ様々な恩恵をもたらす人々である。本書では,国際的な難民保護に不可欠である負担分担の実態を分析することにより,難民保護の負担分担の制度化と新たな難民政策の可能性を考察するが,その根底にあるのは,アフリカに居住する難民の権利を保護し,難民が自らの潜在的能力を活かし,尊厳ある生活を追求する機会を確保することにある。

　本書は2部から構成されている。第1部では,負担分担に関する理論的な分析を行う。**第1章**では,なぜ負担分担が必要であるのかを検討するために,負担分担に関する規範,これまで実施されてきた負担分担の実態を概観した上で,途上国の難民受入国に対して先進国が負担分担を担う理由を道義的理由と国益の観点から考察する。**第2章**では,第二次世界大戦後から今日までにおいて実施されてきた主要な負担分担に関連した取り組みを分析した上で,負担分担が成果を収めるために必要な要件を提示する。そして,**第3章**では,どのようにグローバル・レベルで負担分担を制度化するかを検討したい。
　第2部は事例研究である。**第4章**では,財政的負担分担を通した難民開発援助と難民の経済的自立が難民受入に伴う負担の軽減にどのように関わっているのかをウガンダの事例から分析する。**第5章**では,デンマークの事例からなぜドナーが財政的負担分担を行うのかを分析する。**第6章**は,ケニアにおけるソマリア難民の第三国定住の事例から,物理的負担分担の1つである第三国定住を実施する上での問題を明らかにする。**第7章**はカナダに焦点をあて,第三国定住を行う政治的理由を考察する。

以上の理論分析・事例研究から，**終章**では難民保護に関する負担分担を制度化していくための課題を示すとともに，物理的・財政的負担分担と難民の権利の関連を考察する。さらに，負担分担を難民政策に反映させ，深刻化する難民問題に対処するためにどのような政策を実施すべきかを検討したい。

注

1) See, Benjamin Gray, "Exiles, Refuge, and Greek Polis: Between Justice and Human Rights", *Journal of Refugee Studies*, Vol. 30, No. 2, 2017; Peter J. Heather, "Refugees and the Roman Empire", *Journal of Refugee Studies*, Vol. 30, No. 2, 2017.
2) See, Peter Gatrell, *The Making of the Modern Refugee*, Oxford University Press, 2013.
3) 一般的に，レジームは「国際関係のある特定の問題領域においてアクターの期待が収斂するような明示的あるいは暗黙の原理，規範，ルールおよび意思決定手続きの総体」と定義されている。国際難民レジームとは，難民の国際的な保護を目的としたグローバル・レベルのレジームをさす。
4) カルタヘナ宣言は，当該地域の慣習法を明文化したものと解されている。
5) https://treaties.un.org/Pages/ViewDetailsII.aspx?src=TREATY&mtdsg_no=V-2&chapter=5&Temp=mtdsg2&clang=_en (accessed 20 November 2017).
6) https://treaties.un.org/Pages/ViewDetails.aspx?src=TREATY&mtdsg_no=V-5&chapter=5&clang=_en (accessed 20 November 2017).
7) 小川裕子「内面化という虚構―国際規範の制度化と実効性」西谷真規子編著『国際規範はどう実現されるか―複合化するグローバル・ガバナンスの動態』ミネルヴァ書房，2017年，257～259頁。
8) UNHCR, Global Trends: Forced Displacement in 2016, June 2017, p. 2.
9) 久保山亮「ヨーロッパの難民受け入れと保護に関する現在的課題―『難民危機』という神話を超えて」人見泰弘編著『難民問題と人権理念の危機―国民国家体制の矛盾』明石書店，2017年，151～152頁。
10) Norwegian Refugee Council, 'Uganda: More Refugees Flee to Uganda than Across Mediterranean', 25 Jan 2017, https://www.nrc.no/more-refugees-flee-to-uganda-than-across-mediterranean
11) UNHCR, *op. cit.*, p. 64.
12) Alexander Betts, Cathryn Costello and Natasha Zaun, "A Fair Share: Refugees and Responsibility-Sharing", *Report* 2017:10, Delmi, pp. 36-37.
13) *Ibid.*, p. 19.

第1部

理論分析

第1章　難民保護と国際的負担分担

なぜ負担分担は必要なのか

はじめに

　私たちが住む世界は極めて不平等な世界である。特にそれを象徴するのが，富の偏在，貧富の格差であろう。2017年1月にオックスファムは，報告書において「世界で最も豊かな8人が世界の貧困層の人口の約半分にあたる36億人に匹敵する資産を所有している」と発表した[1]。また，世界では1日に1.25ドル未満で生活している絶対的貧困層が約8億3600万人いるとされ，その多くはグローバル・サウスと呼ばれる南半球に暮らしている[2]。「北」と「南」の格差は貧困問題だけにとどまらない。難民問題に関しても，世界の難民の80%以上は「南」に住んでおり，「南」の難民受入国の多くは適切な難民保護を行うための人的・物的資源が欠如している。そのため「北」の富裕国は「南」の難民受入国の負担を軽減するために財政援助や第三国定住などの負担分担を行うことが求められている。

　しかしながら，国家は慈善団体でも，人道支援機関でもない。自国以外の国にいる難民を保護するために，財政的負担分担や物理的負担分担を行うことに対しては懐疑的な意見も少なくない。コスモポリタニズムの立場から難民・移民の受入を積極的に支持するジョセフ・カレンズ（Joseph Carens）[3]，マシュー・ギブニー（Matthew Gibney）[4]，セイラ・ベンハビブ（Seyla Benhabib）たちのみならず[5]，国家や「共同体」の価値と伝統を重視し，移民の受入に消極的な「コミュニタリアン」であるマイケル・ウオルツァー（Michael Walzer）[6]，デビット・ミラー（David Miller）らも難民の保護に一定の理解を示している[7]。しかし，ウオルツァーやデビット・ミラーらは自国ではなく，物的・人的資源が欠如する途

9

上国にいる難民を支援することに対しては，あくまでも緊急時の人道的な支援に限定すべきだと主張している。

本書は，国際的な難民保護を実現するために，途上国の庇護国で暮らす難民の人権が保護され，尊厳のある人間らしい生活を暮らせるようになるまで富裕国は途上国に対して支援する義務があるという立場をとる。そして，国際的負担分担を実現するためには，規範の整備を含めて，新たな国際的負担分担の制度を構築する必要があると考える。本章ではなぜ「北」の富裕国が途上国の難民受入国に対して支援を行い，国際的負担分担を制度化しなければいけないのかを検討する。

1 難民の受入に伴う「負担」とは何か

難民保護の国際的負担分担は，難民が庇護国で尊厳のある生活を送ることを実現するために，グローバル・ノースの富裕国がドナーとして，グローバル・サウスの途上国の難民受入に伴う負担を軽減するために支援を行うことであり，一種の資源の再配分や不平等な構造の是正が念頭に置かれている。しかし，難民の受入に伴う負担を特定することは難しい。これまで様々な実務家，研究者などは難民受入の負担に関する定義や基準を議論してきたが，国際的なコンセンサスは存在していない。その主な要因は，マーティン・ゴトワルド (Gottwald) が指摘しているように，難民の受入に伴う負担に対する認識や内容は多様であり，かつ時代とともに変化するからである。1951年難民条約が起草された時代において難民の受入に伴う負担とみなされていたのは，緊急援助に必要な資金であった。しかし，難民が庇護国に居住する期間が長期化すると，難民は受入国の経済，社会，環境問題と関わるようになり，難民と受入国住民の社会・経済・文化的関係，対外関係，安全保障など多岐におよぶ分野で難民の受入に伴う負担が政治問題となった。[8]

クリスティーナ・ボスウェル (Boswell) は負担分担を算出する基準として，①「公正」に基づく方法と，②「結果」に基づく方法があると論じている。[9] 第1の方法は，受入国のGDP，人口，面積などの指標に基づき分担を行う方法

である。現在，UNHCR は難民の受入数，GDP 比，人口比，面積比等の指標を用いて，難民受入の貢献を示している。マティアス・チャイカ（Czaika）は難民数，受入国の政治，経済，社会状況，人口構成，国内世論，難民行政に伴う経費などを考慮して難民負担指標（Refugee Burden Index）を考案している[10]。負担分担の指標を考える第2の方法は，難民の受入によって生じる結果を重視するアプローチである。これは，難民が受入国へもたらす影響として，受入国の民族・エスニック集団間の関係，治安，難民へ提供された支援の水準などから分析するアプローチである[11]。

これらのアプローチにはいずれもメリット，デメリットがあるが，②のアプローチは客観的にも，主観的にも難民の受入に伴う負担を測る基準や指標を設定することは難しい。難民受入国の負担や貢献を検討するために，UNHCR は難民の受入数，GDP 1 ドルあたりの受入数，人口比，面積比などの指標を用いて，難民受入国の貢献を示している。本書でもこれらの指標を利用しながら，負担分担を検討することにしたい。

2　国際的負担分担に関する規範

先に述べたように，国際難民レジームには保護と負担分担の2つのサブ・レジームがあると解され，保護に関してはノン・ルフールマン原則などを含め規範が整備されている。他方，負担分担に関しては，法的強制力を有する規範は存在しない。しかしながら，これまでに難民保護のために国際的負担分担が必要であり，その実現のために国家が協力することは度々確認されてきた。

例えば，1951年難民条約の前文の第4パラグラフには，以下のように記されている。

難民に対する保護の付与が特定の国にとって不当に重い負担となる可能性のあること並びに国際的な広がり及び国際的な性格を有すると国際連合が認める問題についての満足すべき解決は国際協力なしには得ることができない

第1部 理論分析

　この記述が，難民保護の国際的負担分担の根拠とみなされている。しかし，前文に負担分担が言及されているのみで，本文にはそれに該当する条項はない。1951年条約の準備作業（travaux préparatories）段階では，ワーキング・グループのメンバーが前文の草案を検討していた際に，第二次世界大戦後の滞留避難民受入に苦慮していたフランスは，前文の第4パラグラフに負担分担の必要性とより積極的な方策を打ち出すため，以下の草案を提案していた。

　難民の保護の付与は，地理的な状況により特定の国にとって重い負担となる可能性のあること並びに国際的な広がり及び国際的な性格を有すると国際連合が認める問題についての満足すべき解決は，世界で難民を再配置することを支援する国際協力なしには実現することができない

　しかし，1951年難民条約の草案作成に関与していた中国，チリ，デンマーク，アメリカなどはフランスの提案に反対した。例えば，中国は他国にいる難民を自国で受け入れることに対して拒否する姿勢を示した。最終的にフランス案で言及されていた①負担の不平等な分担の原因となる地理的制約と②不平等な負担分担を解消するための再配置に関する記述は削除され，現在の前文となった。[12] その後，難民保護の負担分担に関しては1969年OAU難民条約第2条第4項や1984年カルタヘナ宣言で言及された。

　さらに，UNHCR執行委員会や国連総会などの場で難民保護に関する国際的な負担分担が協議され，その必要性が確認されてきた。例えば，2004年の「大量難民発生における国際協力と責任分担に関する結論（100LV）」では，大量難民が発生した場合に対応するために負担と責任に対処できる二国間または多国間の取り決めを含む包括的行動計画の利用を呼びかけている。また国際的な連帯，責任分担の原則にコミットすることを強調し，難民受入国の支援のために資源を動員する必要性を再確認し，特に途上国は最も多くの難民を受け入れ，過大な負担を担っており，政府，UNHCR，国際社会は，恒久的解決が実現するまで，難民のニーズを支援しなければならないと述べている。[13] UNHCR執行委員会の結論でも負担分担の原則や国際協力の必要性が言及されている。

またこれまで，難民危機に対応するために開催された様々な会議やイニシアティブにおいても負担分担の必要性が明示されている。例えば，1979年の第1回インドシナ難民国際会議，1980年アフリカ難民国際会議，1984年第2回アフリカ難民国際会議，1988年インドシナ難民国際会議，1989年中米難民国際会議などがそれに該当する。それらが行われる際に，国連総会は国連事務総長やUNHCRを含む国連の専門機関に対して国際協力や負担分担を促進する措置を講じることを求める決議を採択してきた。さらに，2016年9月に開催された「難民と移民に関する国連サミット」で採択されたニューヨーク宣言でも，難民問題の負担分担と国際協力を行うことが明記されている。[14]

以上のように，難民保護の国際的負担分担は法的拘束力を有する規範となっていないものの，負担分担の価値や必要性は広く認知され，概ね国家間のコンセンサスが形成されているといえる。

3　グローバル・レベルでの難民保護と負担分担の状況

（1）　難民の移動と難民受入国の状況

人権侵害，迫害，紛争等の理由により，2016年末の時点で世界には2200万5000人の難民と280万人の庇護申請者がおり，過去5年間で難民の数は65％増加した。2015年前後から，ヨーロッパへ殺到する庇護希望者や困惑するヨーロッパの難民受入国の状況に関心が集まったが，2016年末の時点で，世界の難民の約84％は途上国に住み，カメルーン，チャド，コンゴ，スーダン，ウガンダなどの低所得国が世界の難民総数の約28％にあたる490万人の難民を受け入れている。[15] 図1-1のように，UNHCRの統計によると，2007年から2016年までの年間平均難民受入数をみた場合，上位10ヶ国は，パキスタン，イラン，トルコ，シリア，ヨルダン，ドイツ，ケニア，レバノン，エチオピア，チャドであった。トルコとドイツを除き，上位受入国は低所得国である途上国であり，ドイツを除き，難民送出国の隣国である。また人口が100万以上の国で最も難民受入数が少ないのは，難民がいない，赤道ギニア，ラオス，モーリシャス，ミャンマー，北朝鮮で，年間の難民受入数が8名以下なのが，東チモール，ハ

第1部 理論分析

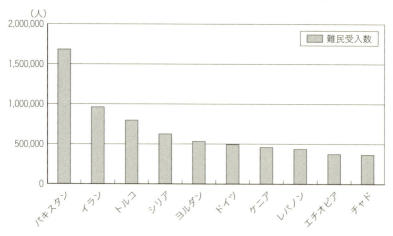

図1-1 難民受入数（平均）上位10ヶ国（2007〜2016年）

出所：Betts, Costello, and Zaun, *op.cit.*, p. 35 より筆者作成。

イチ，シンガポール，モンゴル，マダガスカルであった。これらの国は，権威主義体制下にあるか，難民送出国，または地理的にアクセスすることが難しい国である[16]。また2016年の時点で世界全体の難民の約3分の2にあたる約1160万人が長期滞留難民であり，最も多くの長期滞留難民が居住している地域はアフリカである[17]。

難民受入の負担を把握するために，GDPや人口との対比が指標として使われているが，2016年末の時点でGDP1ドルあたりの難民数が最も多い10ヶ国は，南スーダン，チャド，ウガンダ，ニジェール，レバノン，ルワンダ，ブルンジ，ヨルダン，モーリタニア，カメルーンで，レバノンとヨルダン以外はすべてアフリカ大陸に位置している。人口比（人口10万人以上の国で，人口1000人あたりの難民数）ではレバノン，ヨルダン，トルコ，チャド，スウェーデン，ウガンダ，南スーダン，ジブチ，マルタ，モーリタリアが上位10ヶ国で，「北」にある国でランクインしているのは，スウェーデンとマルタだけである[18]。また，2007年から2016年までのGDP1ドルあたりの年間平均受入数が多い上位10ヶ国は，パキスタン，エチオピア，コンゴ民主共和国，ウガンダ，ケニア，チャド，タンザニア，バングラディシュ，ブルンジであった。これらはすべて

途上国で,パキスタンとバングラディシュを除き,アフリカ大陸にある。[19]

このように難民の受入数,経済力や人口比などの面からみると,アフリカ諸国などの途上国に難民の受入の負担が偏重していることがわかる。

(2) 財政的負担分担の状況

難民保護の負担分担は財政的負担分担と物理的負担分担という2つの方策がある。財政的負担分担とは,ドナーが第一次庇護国へ資金を提供する方法で,二国間援助(政府間援助)およびUNHCRなどの国際機関を通して支援が提供される多国間援助の形態がある。二国間援助の場合,各国の実施体制や援助のスキームが異なるため,難民保護の財政的負担分担に充てられた資金の金額を特定し,比較するのは難しい。ここではUNHCRへの財政援助の実態をみてみたい。それは多国間援助において,ドナーにとってUNHCRに対する資金援助は最も大きな財政的負担分担であり,UNHCRの活動資金の約97%はドナー諸国からの任意拠出金と民間からの寄付によって賄われているからである。[20]

2007年から2016年までの平均金額でみた場合,UNHCRへの拠出金を供与していたトップドナー10ヶ国は,図1-2のように,アメリカ,EU,日本,イギリス,スウェーデン,ドイツ,オランダ,ノルウェー,カナダ,デンマークである。GDP比に占める平均金額では,上位10ヶ国にランクインしているのは,アメリカ,EU,日本,イギリス,ドイツ,スウェーデン,オランダ,カナダ,デンマーク,およびサウジアラビアであった。なお,多くのドナーは拠出金の使用目的を限定しており,使用目的が限定されていない拠出金の総額は,2012年で全体の20%,2016年で全体の14%に過ぎなかった。[21] 2018年1月の時点で使用目的を限定しない拠出金を提供している上位3ヶ国は,スウェーデン,オランダ,イギリスである。[22]

(3) 物理的負担分担の状況

物理的負担分担は,第三国定住,再配置(relocation),人道的な難民受入プログラムなどを含む。これらのなかで最も制度化されているのが第三国定住で

15

図1-2　UNHCR供出金総額（平均）上位10ヶ国（2007～2016年）

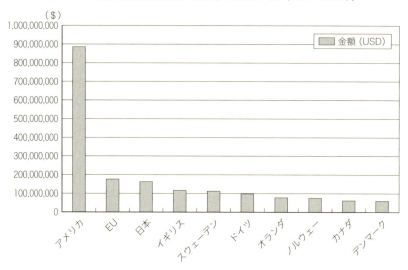

出所：Betts, Costello, and Zaun, *op.cit.*, p.44 より筆者作成。

あるため，ここでは第三国定住に焦点をあて，物理的負担分担の実態を分析する。

　第三国定住は，第一次庇護国にいる難民を他の「第三国」が受け入れる方法で，難民問題の恒久的解決策の1つである。第三国定住による受入が始まったのは1920年代以降である。ロシア革命および革命干渉戦争から逃れて主にヨーロッパ諸国へ大量に流入したロシア人の受入が第三国定住の端緒と言われている[23]。第二次世界大戦後，1946年に設立された国際難民機関（International refugee Organization: IRO）の主要業務は第三国定住であった。1951年難民条約起草の国連大使会議において「庇護が可能でない，又は保護の水準が十分でない場合，第三国定住は難民保護を確保する主要な選択肢である」と第三国定住の意義が確認された[24]。UNHCR 設立後，第三国定住は UNHCR の業務の1つとなる。1950年代から60年代まで，UNHCR が斡旋した第三国定住対象者は欧州にいる難民で，当時の冷戦構造を反映して欧米諸国は共産主義体制の支配から逃れてきた人々を第三国定住によって受け入れていた。1970年代以降，ラテンアメリカ，アフリカ，東南アジアの第一次庇護国にいる難民が第三国定住の

図1-3 第三国定住受入数（平均）上位10ヶ国（2007〜2016年）

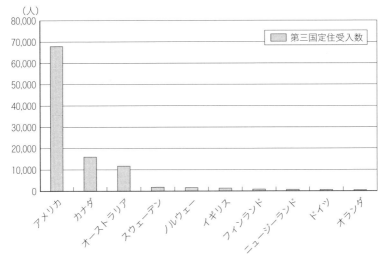

出所：Betts, Costello, and Zaun, *op.cit.*, p.39 より筆者作成。

対象となった。インドシナ難民の大規模な第三国定住受入にみられるように，1970年代から80年代にかけて第三国定住は重要な負担分担の方策となった。しかし1980年代半ば以降，第三国定住は「偽装難民」の誘発要因になるとして，第三国定住は最も望ましくない恒久的解決策と位置づけられるようになった。[25] 1990年代半ば以降，第三国定住の見直しが進められた。2000年以降，第三国定住の戦略的利用が提唱され，2000年代半ばから第三国定住による難民の受入が増加した。[26] しかし，第三国定住の受入数の上限は約8万人で，第三国に定住できる難民が極めて限定されている状況に変わりはない。

図1-3のように，2007年から2016年までの第三国定住受入数の平均で最も多く難民を受け入れているのはアメリカで，毎年約6万8011人を受け入れていた。それに次ぐのがカナダ，オーストラリアである。この上位3ヶ国に続くのが，スウェーデン，ノルウェー，イギリス，フィンランド，ニュージーランド，ドイツ，オランダである。第三国定住受入数の平均を GDP 比からみた場合でも，上位10ヶ国にランクインしている国は同じである。順位としては第1位がアメリカで，それにカナダが続き，以下，オーストラリア，スウェーデン，イ

ギリス,ニュージーランド,フィンランド,ノルウェー,ドイツ,オランダとなっている。なお,第三国定住にまったく関与していない国も多い。この場合,イラン,ヨルダン,イエメンのような難民受入数が多い国や,南アやメキシコのような中所得国でも第三国定住の受入を行っていない国もある[27]。第三国定住受入国は2005年は14ヶ国だったのに対して,2016年には37ヶ国に増えた[28]が,第三国定住ができる難民は世界全体の難民の約1%に過ぎない[29]。

4 国際的負担分担を担う理由

　難民保護の国際的負担分担は,「北」の富裕国が「南」の難民受入国へ財政的または物理的負担分担を行うことを想定している。「南」の受入国に負担が集中している状況を改善し,難民保護を拡充するために,「北」のドナー国は「南」の受入国を支援することが求められている。

　一般的に富裕国が貧窮国へ支援を行う場合,その動機は①人道的・道義的な動機,②国益,③国際システムの安定化を通じた平和の確立にあると言われている[30]。本節では,上記の3点のうち,①と②に焦点をあてて,考察する。

（1）人道的・道義的理由とグローバル正義論

　先にみたように,1951年難民条約の前文で難民保護のための負担分担が言及され,以後,国連総会決議,UNHCR執行委員会結論などで度々負担分担と難民問題に関する国際協力の重要性が確認されてきた。しかし,いまだに慣習法や条約として法的拘束力を有する国際的負担分担に関する規範は存在せず,「北」の負担分担はあくまでも「慈善」や「人道援助」として実施され,国際的負担分担は国家の裁量に委ねられている。ここでは富裕国が財政的・物理的負担分担を担う道義的責任をグローバル正義の観点から検討していきたい。

　通常,貧困削減や環境問題等のように,国境を越えたグローバルな問題に対処するために国家が行動する責任をグローバル正義としてとらえることが多い。だが,今日,移民問題等の人の移動もグローバル正義の問題群の1つとして議論されるようになってきた[31]。難民保護の国際的負担分担は,人の移動と資

源の再分配という問題が絡んでおり、グローバル正義の重要な問題の1つであるといえよう。

かねてより、正義という概念は人々の間の権利や利益の分配の正当性を問題とする「分配的正義（distributive justice）」とすでに割り当てられた権利や利益の侵害を抑止したり、賠償することを問題とする「匡正的正義（corrective justice）」に区別されてきた。グローバルな次元では人々の権利や富の分配状態の正当性を問題とする「グローバル分配正義」と、②国家や非政府組織などによる世界の不正義を是正するための措置を論題とする「グローバル匡正正義」の2つの側面がグローバル正義にある。[32]

グローバル分配正義は、1970年代後半以降、多くの研究者によって論争が繰り広げられてきたが、その端緒となるのが、ジョン・ロールズ（John Rawls）である。ロールズは『正義論』において、基本的な諸自由の平等な分配を求める第一原理と、社会経済的格差に一定の制約を課す格差原理を第二原理として、独立した政治社会の内部的構成原理となる正義の原理を提示した。特に注目されているのは、第二原理で、何らかの偶然性により、ハンディを背負っている「最も不遇な人々」の利益を最大化するため、ロールズは経済的・社会的弱者への再分配や社会保障の拡充を論じた。[33]

このような国内での人々の権利や利益の分配の正当性を唱えたロールズの議論を継承し、グローバル・レベルで権利や利益の分配を論じたのが、チャールズ・ベイツ（Charles Beitz）である。ベイツは、国家間の経済格差を正義の問題とみなし、格差原理をグローバル・レベルに適用し、国家間の不平等を是正することが必要であると論じた。ベイツが注目したのは、グローバル・レベルで天然資源の配置に偏りがあり、そのことが特定の国に不利益をもたらすことと、国家間の相互依存が進み、社会的協働が国際社会において進展していることであった。ベイツは、ロールズが提起する正義の第二原理の適用が国内社会に限定されていることは、論理的に矛盾していると批判している。[34]

だが、ロールズ自身は、格差原理を国際社会へ適用することは考えておらず、グローバル分配正義という概念には否定的であった。1999年に刊行した『諸人民の法』では、「自由で民主的な諸国家の人民の間に成立する正義の諸原理」

として,8つの原理を示した。これらのなかで「各国人民は,正義にかなった,ないしは良識ある政治・社会体制を営むことができないほどの,不利な条件下で暮らす他国の人民に対し,援助の手を差し伸べる義務を負う」ことを第8原理としている。しかし,この原理はあくまでも援助の義務を記しているに過ぎず,グローバルな格差の是正や分配的正義の実現を積極的義務とみなしているわけではないと解されている[35]。

井上達夫は,ロールズの第8原理の問題として以下の3点を指摘している。第1は,良識ある政治・社会体制を営むことができない不利な条件下で暮らす他国への支援は,すべての人間が有する基本的必要(ベーシック・ニーズ)の充足への権利として生存権を根拠とする生存最小限原理のグローバル化を図るものでないことである。第2に,基本的必要が充足できない人々の救済は国際政治の要請となされない。第3に,第2の点から,リベラルな社会,または節度ある階層社会は,不利な条件下で暮らす他国に対して,よく秩序だった社会としての安定的な政治秩序を確立するための援助が求められており,被援助国政府が目的を達成できる程度の経済的支援をした後は,基本的必要を充足できない人が残存するとしても,援助を打ち切ることができる[36]。このようなロールズの限定的国際支援義務に対して,井上は人権の理念から問題視している。それは政治的安定性を阻害しない程度の規模の困窮者を放置することを容認するのであれば,政治的安定を揺るがさない周辺的弱者の生存権侵害は放置されることを意味するからである[37]。

しかし,関係説を根拠として,ロールズが格差原理の適用に国内と国外で二重基準を設けていることを擁護する議論がある。その主な根拠は以下の2点である。第1は,分配的正義が社会的協働の存在を前提とすることである。正義は社会的協働の公正な枠組みを規定する原理であり,分配的正義は,社会的協働の参加者の間だけに存在している。国内社会における社会・経済的互恵関係が,国内社会と同じレベルで国際社会においても存在しているとは言えない。第2に,分配的正義を実現するには法的・政治的システムに基づく統治体の強制力が必要なことである。国際社会には,強制力を有する統治体が存在しない。そのため,グローバル分配正義を国内の分配正義と同等に語ることはでき

ないとロールズ擁護派は主張している[38]。

第1の社会的協働に関連してウォルツァーやデビット・ミラーなどの「コミュニタリアン」(あるいは「リベラル・ナショナリスト」)は,「国家(ナショナル・コミュニティ)」を社会的協働を可能とする政治単位だと捉えている。これらの議論の要旨を伊藤恭彦は以下のように整理している。

(1) ナショナルな共同体が個人の重要な部分を定義しており,それは共同体内部での日常的な相互行為や財の交換によって強化される
(2) ナショナルな共同体が各人の善き生を決定する文脈を形成している
(3) 分配的正義が分配の対象とする財の社会的意味は各共同体によって異なり,共同体をまたぐ正義の構想は実行が難しい。さらに分配的正義を適切に実行するには,その対象となる人々の間で信頼関係が必要であるが,そのような共同性を提供しているのはナショナルな共同体のみである
(4) 各国民国家が政治的自己決定の基本単位である[39]

上記の見解は,近親者優先の倫理と類似性がある。例えば,池で溺れかけている2人がいて,1人は自分の子ども,もう1人は見知らぬ子どもであり,どちらしか助けられない状態であれば,どちらを助けるべきなのだろうか。近親者優先の倫理では,身内である自分の子どもを優先して救助する判断は普遍的に正しいと考えられる。近親者の優先から文化的一体感を共有する人々を優先すべきとする考えを拡張し,国家は1つの倫理共同体となり,自国を優先することは当然のことであり,正しいと主張されている[40]。だが,個人が持つ特定の人たちに対する特別な愛着や義務は理解できるが,それと同列に同胞への義務を語ることはできるのだろうか。ベネディクト・アンダーソン(Benedict Anderson)は国民国家を「想像の共同体」と呼び,共通する歴史や記憶,感情の紐帯が人々の連帯意識を醸成し,国家は創られた共同体と論じている[41]。国民としての同胞意識は,人為的に創られ,教育され,制度化された側面があり,必ずしも所与のものでも,原初的に存在するものでもない。

リチャード・ミラー(Richard Miller)は社会における信頼と法の遵守を確保

するため，自国の貧困者を優先的に支援すべきであると主張する。ミラーは他国の貧困者を救済するために自国の貧困者の苦しみが軽減されないならば，貧困者は政治過程に敬意を持って参加することが難しくなり，貧困者は政治から疎外されることとなり，政治は正当な根拠なしに他者に圧力をかける手段となる。その結果，政治全体から親密性や友好が失われ，他者との関係は相互の尊重や信頼ではなく，恐怖や従属に基づくものとなる。国内の人々の関係は緊密であり，信頼や尊敬の欠如に脆弱であることから，国外の貧困者を優先することは内政に悪影響が出るとミラーは主張している[42]。これに対して，浦山聖子は国外の貧困者を国内の貧困者より優先すれば，内政に悪影響が生じると言うミラーの主張は，自国民を優先する根拠とはならないと論じている。グローバル正義が求めているのは国外の人々の優先ではなく，国籍や居住地とかかわらず，同じ境遇にある人々への同等の配慮だからである[43]。

　第2の批判として提示されている，国際社会で強制力を行使できる統治体が存在しないという指摘には一定の説得力がある。確かに，国内政府のように強制力を持つ世界政府や国家主権を超えた権限を有する国際機関は存在していない。だが，世界を一元的に統治し，強制力を行使することができる統治体が存在しないことは必ずしもグローバルな問題に対して分配的正義が実現できないことを意味するわけではない。それは，環境問題などのように国境を越えた協力が必要な問題に対処するため，様々なレジームやガバナンスが形成され，一定の成果を収めているからである。むしろ，難民保護のために国際的負担分担を実現するために，どのように国家や他のアクターから協力を引き出し，諸アクター間の協力を制度化するかが重要である。これに関しては，**第3章**で検討する。

　トーマス・ポッゲ（Pogge）らは，匡正的正義の立場から富裕国は貧窮国を支援しなければならないと主張している。ポッゲはグローバルな不平等が生み出された原因には富裕国がグローバルな経済的不平等を生み出し，増産したと論じている。その原因としてポッゲが指摘するのは，①グローバルな制度的秩序，②富裕国による貧窮国の天然資源の無補償の利用，③征服・植民地支配の歴史的影響である。とりわけ，ポッゲは富裕国によって形成され，貧窮国に課

せられているグローバルな制度的秩序を憂慮している。それは単に貧窮国の人々に影響を与えているからだけでなく，富裕国の政府と貧窮国の政府の間に交渉力，専門知識，技術の圧倒的格差が存在し，グローバルな制度的秩序は富裕国および富裕国に居住する人々の利益に適うように形成され，維持されているからである。[44]

これに対して，デビット・ミラーは「貧窮国自己責任論」を掲げ，貧窮国が貧困状態から離脱できないのは貧窮国政府の責任であると主張し，富裕国が支援する義務を否定している。彼自身，現在の経済的秩序が貧窮国に不利な条件を課していることは認めている。しかし，同じグローバルな政治経済制度の下で，貧窮国のなかでも経済発展を実現していく国と，貧困状態が継続する国があることから，彼はグローバルな政治経済秩序よりも貧窮国の国内の政治，経済政策が貧困や経済問題の主要因であると主張している。[45] それに対し，ポッゲはデビット・ミラーの主張を「説明的ナショナリズム」と呼び，批判している。ポッゲは，貧窮国の経済発展に格差があり，その原因の１つが国内的要因にあることは部分的に説明可能であると述べている。だが，①現在の制度秩序が貧窮国の経済状態を悪化させていることと，②グローバルな制度的秩序が貧困状態を引き起こす国内的要因を生み出し，再生産することに寄与していることから，富裕国が貧困問題を生み出している責任を忌避することはできないと反論している。[46]

これらの議論を難民問題へ援用して検討してみたい。第３節で述べたように，難民受入数，GDP比，人口比などの指標から難民の受入に伴う負担をみた場合，負担は「南」の国々に偏重しており，グローバル分配正義の文脈では「北」の富裕国が負担の分担を担う義務がある。グローバル匡正正義の観点からみた場合，難民問題を国家間が利害関係を調整し，協調することが期待される一連のプロセスやシステムは不平等な国家間の力関係に基づいて形成されている。現行の不平等な構造の責任を「北」のドナー国が「南」の難民受入国に負うのは，主に以下の４つの理由がある。

第１は，難民問題に関する規範，ルール，制度は欧米諸国が中心となって制定し，運用してきたことである。難民保護を担う国際機関として設立された

UNHCRは財政的にドナーの拠出金に依存し、拠出金の約90％は使用目的が限定されている。そのため「北」のドナーは資金の提供によりUNHCRの活動に一定の影響力を行使できる。また国連安保理やその他の国際機関においても欧米諸国は強い影響力を有している。第2に、アフガニスタン、イラク、シリアなどへの軍事介入や武器の供与などのように、「北」の政策が大量難民流出の一因となっていることである。第3に、難民が発生する原因の1つは人権侵害であるが、「北」の国々は「南」の政府による人権侵害や迫害を黙認している。時には、アパルトヘイト時代の南アフリカやモブツ政権下のザイール（現在のコンゴ民主共和国）などのように、自国の経済的利益を優先させるために、人権侵害や迫害を行う政府を支援し、友好関係を維持してきた。このような人権よりも国益を優先させる対外政策は、難民を生み出す原因となる人権侵害と無関係とは言い難い。第4に「北」の富裕国は、庇護希望者の移動を制限する様々な政策を実施し、難民認定の基準を厳格化しており、庇護希望者や不認定となった庇護申請者を「安全な第三国」と協定を結び、出身地域へ送り戻す政策を強化している。他方、第三国定住受入の対象となる難民はごく一部に過ぎず、その選別の基準も不明瞭な点が多い。その結果、特定の地域や国に難民が集中し、「南」の受入国が負担を担う構造が強化されている。したがって、富裕国は難民の受入に伴う負担を「南」の受入国や受入地域の自己責任と帰すことはできない。グローバル分配正義の点からも、グローバル匡正正義の点からも道義的に富裕国は難民受入に伴う負担を分担する責任がある。

（2） 国際的負担分担と国益

しばしば国際政治は自助の体系と呼ばれるように、無政府状態（アナーキー）である国際社会では、各国は自国の生存と繁栄に究極の責任を負っている。強制力を有する「中央政府」が存在しない国際社会では、対外援助や難民問題に関する国際協力は国家の裁量に委ねられている。国家は慈善団体や人道的な組織ではなく、人道的・道義的理由のみで難民支援を決定するわけではない。国家が国際的負担分担に貢献する背景には国益の追求という政治的動機が強く働いていると考えられる。言い換えれば、国際的負担分担が国益と密接に関わり

がある場合，国家はより積極的に負担分担に貢献することが想定できる。

では，国際的負担分担はどのように「北」のドナー国の国益と連関しているのであろうか。国益との関連性に関しては，①直接的関連性と②間接的関連性の2つのタイプに大別して考えたい。直接的関連性は，国際的負担分担が直接的にドナーの国益と結びついているタイプである。この場合，負担分担を行うことが自国の安全保障や経済・政治問題と関係があるか，自国にとって政治的，経済的に重要な国との間に良好な関係を維持するために負担分担を担うことが必要になることが背景にある。

これに該当するのが，2000年代以降，EU，EU加盟国やオーストラリアなどが実施してきた，もしくは実施することを検討してきたグローバル・サウスの難民受入国に対する財政的負担分担である。例えば，2000年代にイギリスやオランダは，庇護希望者が領域に入り，庇護申請を行うことを阻止する「封じ込め政策」の一環として，「難民出身地域での保護」や「安全な第三国」での難民を保護するために「南」の難民受入国への財政的負担分担を行うことを計画した。両国の計画は，国内外からの反対で実現しなかった。しかし，近年再び，「北」のドナー国は「南」の難民受入国または「通過国」と協定を結び，庇護希望者を封じ込める措置を講じている。「南」では第一次庇護国で難民の権利が十分に保護されなかったり，将来の希望がみえないために，第一次庇護国から他国への移動を行う，第二次，第三次移動を行う難民も少なくない。アフリカの場合，不規則な移動のパターンとして主に3つのルート（東ルート，南ルート，西ルート）があるが，特に多くの難民は，リビア（もしくはエジプト）を経由して地中海を渡る西ルート（地中海ルートとも呼ばれている）で，EU諸国へ移動することを試みている。アフリカにある第一次庇護国から西ルートでヨーロッパへ移動した難民の数は定かではないが，2015年には1万2433人のソマリア難民が西ルートでイタリアへ移動したと言われている。[47]このように，出身地域を通過し，ヨーロッパへ向けて移動する難民が急増している事態に対応するため，かねてより，EUはトルコ，リビアなど域外の第三国との再入国協定を結んできたが，2014年にEU，アフリカ諸国，EU加盟国の間で「EU‐アフリカの角地域移民ルート・イニシアティブ」を実施することに合意した。

2020年まで資金援助が行われる予定で，初期の予算として7億1400万ユーロが計上された。[48]

　第2の国際的負担分担と国益の間接的関連性とは，国際的負担分担が国家が重視する他の主要な問題と関連しているケースである。ドナーにとって優先順位が高い，安全保障や平和，外交戦略，経済問題などと難民問題の解決が関連しており，負担分担に関与することが，難民問題のみならず，他の問題の解決や他の目的を達成する上でも重要であると考えられる場合，国際的負担分担を行う動機になる。次の**第2章**でみるように，過去において成功した国際的負担分担の取組でもその傾向が顕著である。例えば，1970年代半ばから90年代初めまでのインドシナ難民問題，1980年代末から1990年代の中米における難民問題などに対応するために実施された国際的負担分担の取組が挙げられよう。詳細は**第2章**で概観するが，これらが成功したのは，ドナー諸国が難民問題の恒久的解決だけでなく，難民の帰還や庇護国定住は地域の平和と秩序の安定，平和構築・復興支援，貿易・経済関係の強化などに不可欠であり，国際的負担分担に関与することが国益の追求に合致すると判断したからである。

　しかしながら，国益と直接または間接的にリンクしている国際的負担分担が「南」の難民受入国に居住する難民の権利を保護することに結びつくかどうかは定かではない。それは，ＥＵ諸国と協定を結んだ国に不認定となった難民庇護申請者や「非正規移民」を引き受けさせる「プッシュ・バック政策」や庇護希望者が移動することを阻止する「封じ込め」政策は，ノン・ルフールマン原則や人権保護の点から問題があるからである。[49]ＥＵはリビアとの協定に基づき，不認定となった難民や「非正規移民」をリビアへ送還しているが，2017年4月，国際移動機関（IMO）はリビアにいる何百万人もの難民と移民が「奴隷市場」で200ドルから500ドルで売られていると発表した。[50]国際的難民保護のための財政的負担分担が実際には「負担転嫁（Burden-shifting）」・「責任転嫁（responsibility-shifting）」となる可能性や難民の権利を侵害する問題があることは留意すべきである。この問題に関しては，**第3章**においてさらに検討したい。

おわりに

　本章では，国際的な難民保護を拡充するために求められている国際的負担が何であり，なぜ「北」の富裕国が「南」の難民受入国の負担を担わなければならないのかを考察してきた。難民受入国の負担を特定することは難しいが，難民受入数，難民受入国のGDP1ドルあたりの受入数，人口比に注目すると，世界の難民の約80％が「南」に住み，とりわけアフリカ諸国に負担が偏重している。しかし，これまで行われてきた「北」のドナーによる財政的負担分担，物理的負担分担は，「南」の受入に伴う負担を十分に軽減しているとは言い難い。ドナーである富裕国に貧窮国である「南」の受入国を支援することの道義的責任があることはグローバル正義（グローバル分配正義・グローバル匡正正義）の文脈では明らかである。

　しかしながら，人道的・道義的義務が必ずしも国家が国際的負担分担にコミットする動機となるわけではない。国際的負担分担が自国の利益に直接または間接的に関わる場合，より積極的にコミットする傾向がある。しかし，現在，EUやEU諸国やオーストラリア等が行っている難民の「押し戻し政策」や「封じ込め」政策の一環として実施されている財政的負担分担のように，負担分担が実質的にはグローバル・サウスへの負担転嫁となり，本来保護すべき難民の権利を侵害する可能性を孕んでいる。これらの点をふまえ，国際的負担分担をどう実現するかを考える必要がある。

注
1) Oxfam International, An Economy for the 99%: It's Time to Build a Human Economy that Benefits Everyone, not Just the Privileged, January 2017, fewhttps://www.oxfam.org/sites/www.oxfam.org/files/file_attachments/bp-economy-for-99-percent-160117-en.pdf (accessed 3 December 2017).
2) http://www.unic.or.jp/news_press/features_backgrounders/15775/
3) See, Joseph Carens, *The Ethics of Immigration*, Oxford University Press, 2013.
4) See, Matthew Gibney, *The Ethnics and Politics of Asylum: Liberal Democracy and the Response to Refugees*, Cambridge University Press, 2004.

5) See, Seyla Benhabib, *The Rights of Others: Aliens, Residents and Citizens*, Cambridge University Press, 2004.
6) See, Michael Waltzer, *Spheres of Justice*, Basic Books, 1993.
7) See, David Miller, *National Responsibility and Global Justice*, Oxford University Press, 2007.
8) Martin Gottwald, "Burden Sharing and Refugee Protection", in Elena Fiddian-Qasmiyeh, and etc. eds., *The Oxford Handbook of Refugee and Forced Migration Studies*, Oxford University Press, 2014, pp. 528-529.
9) Christina Boswell, "Burden-Sharing in the New Age of Immigration, *Migration Information Source*, Migration Policy Institute, November 1, 2003, http://www.migrationpolicy.org/article/burden-sharing-new-age-immigration (accessed 24 May 2017).
10) Mathias Czaika, "A Refugee Burden Index: Methodology and Its Application", *Migration Letters*, Vol. 2, No. 2, 2005, pp. 101-125.
11) Boswell, *op.cit.*
12) UNHCR, The Refugee Convention, 1951: Travaux Preparatoires Analysed with Commentary by Dr Paul Weis, http://www.unhcr.org/protection/travaux/4ca34be29/refugee-convention-1951-travaux-preparatoires-analysed-commentary-dr-paul.html (accessed 15 September 2017).
13) James Milner, Refugees in the Peacebuilding Process, New Issues in Refugee Research, Working Paper No. 224, UNHCR, 2011, pp. 4-5.
14) UN General Assembly, Resolution adopted by the General Assembly on 19 September 2016, A/RES/71/1, 3 October 2016, http://www.un.org/en/ga/search/view_doc.asp?symbol=A/RES/71/1 (accessed 5 November 2017).
15) UNHCR, Global Trends: Forced Displacement in 2016, June 2017, pp. 13-17.
16) Alexander Betts, Cathryn Costello and Natasha Zaun, "A Fair Share: Refugees and Responsibility-Sharing", *Report* 2017:10, Delmi, pp. 36-37.
17) UNHCR, Global Trends: Forced Displacement in 2016, p. 22.
18) *Ibid.*, pp. 14-21.
19) Betts, Costello, Zaun, *op.cit.*, pp. 36-37.
20) UNHCR, Frequently Asked Questions, https://www.unrefugees.org/about-us/frequently-asked-questions/ (accessed 3 December 2017).
21) UNHCR, Use of Unearmarked Funding 2016, p. 5, http://www.unhcr.org/neu/wp-content/uploads/sites/15/2017/08/UNHCR-Use-of-Unearmarked-Funding-in-2016-Report.pdf (accessed 3 December 2017).
22) UNHCR, Donor Profile, http://reporting.unhcr.org/donor-profiles (accessed 3 December 2017).
23) 本間浩「我が国のインドシナ難民受入の経験と第三国定住受入制度の理論的諸問題」『難民研究ジャーナル』第1号，2011年，17頁。
24) 小泉康一「第三国定住の復権？保護，恒久的解決と負担分担」『難民研究ジャーナル』

第1号，2011年，29頁。
25) B. S. Chimni, "From resettlement to involuntary repatriation: towards a critical history of durable solutions to refugee problem", *New Issues in Refugee Research*, Working Paper No. 2, UNHCR, 1999, pp. 2-4.
26) 杉木明子「長期滞留難民と国際社会の対応―アフリカの事例から」墓田桂・杉木明子・池田丈佑・小澤藍編著『難民・強制移動研究のフロンティア』現代人文社，2014年，199頁。
27) Betts, Costello and Zaun, *op. cit.*, pp. 38-41.
28) UNHCR, Information on Resettlement, http://www.unhcr.org/information-on-unhcr-resettlement.html (accessed 3 December 2017).
29) UNHCR, Resettlement, http://www.unhcr.org/pages/4a16b1676.html (accessed 3 December 2017).
30) 村田晃嗣ほか『国際政治学をつかむ〔新版〕』有斐閣，2015年，269頁。
31) 森村進「移民の規制は正当化できるか？」宇佐美誠編著『グローバルな正義』勁草書房，2014年，107～109頁。
32) 井上達夫『世界正義論』筑摩書房，2012年，43～44頁。
33) John Rawls, *A Theory of Justice*, Oxford University Press, 1972, pp. 60-67.
34) Charles R. Beitz, *Political Theory and International Relations*, Princeton University Press, 1979, pp. 129-136, 143-153.
35) 伊藤恭彦『貧困の放置は罪なのか―グローバルな正義とコスモポリタニズム』人文書院，2010年，31頁。
36) 井上，前掲書，181～183頁。
37) 同上，184頁。
38) 田村哲樹・松元雅和・乙部延剛・山崎望『ここから始める政治理論』有斐閣，2017年，70頁。
39) 伊藤，前掲書，85頁。
40) 同上，75～77頁。
41) See, Benedict Anderson, *Imagined Communities: Reflections on the Origin and Spread of Nationalism*, Revised ed., Verso, 1991.
42) Richard Miller, Cosmopolitan Respect and Patriotic Concern, *Philosophy and Public Affairs*, Vol. 27, No. 3, 1998, pp. 210-214.
43) 浦山聖子「グローバルな平等主義と移民・外国人の受け入れ（二）」『国家学会雑誌』第124巻第9・10号，795頁。
44) Thomas Pogge, *World Poverty and Human Rights*, 2nd ed., Polity, 2008, pp. 202-221.
45) David Miller, *National Responsibility and Global Justice*, Oxford University Press, 2007, pp. 241-243.
46) 井上，前掲書，225頁。
47) Bram Frouws and Christopher Horwood, Smuggled South: An Updated Overview of Mixed Migration From the Horn of Africa to Southern Africa with Specific Focus on

Protection Risks, Human Smuggling and Trafficking, RMMS Briefing Paper 3, March 2017, p. 5.
48) Declaration of the Ministerial Conference of the Khartoum Process (EU-Horn of Africa Migration Route Initiative) Rome, 28th November 2014.
49) Gabriela Baczynska, "UN Refugee Chief Warns EU against Carrot-and Stick Approach to Migration", Reuters, 5 December, 2016, http://www.reuters.com/article/us-europe-migrants-eu-grandi-idUSKBN13U1OG
50) Al-Jazeera, "IOM: African Migrants Traded in Libya's 'Slave Markets'", 11 April, 2017, http://www.aljazeera.com/news/2017/04/iom-african-migrants-traded-libya-slave-markets-170411141809641.html

第2章　難民問題と国際的負担分担の歴史的変遷

はじめに

　世界の難民および国内避難民の数は1999年から2011年まで横ばい傾向であったが、2011年以降再び増加し、2013年末の時点で第二次世界大戦以後最大の数となった。また大量の庇護希望者の移動により、多くの国で難民問題は政治問題化し、対応に苦慮している。このような状況から、難民問題に関する様々な国際会議が開催され、対策が協議されてきた。例えば、2016年5月には世界人道サミットがトルコで開催され、同年9月には国連総会の機会を利用して「難民と移民に関する国連サミット」が行われた。これらの場で、難民に対する支援を単なる救済や人道支援ではなく、難民の「自立（self-reliance）」や難民受入国の負担軽減を目指して、財政的負担分担を通した開発援助を難民支援へ結びつけた方策が注目された。[1]

　開発志向の難民援助や難民受入に伴う負担を共有しようとする試みは、新しいことではない。過去においても国境を越えて移動する難民が大量に発生した際、受入国（または受入地域）を支援するために開発志向の難民援助が導入され、難民受入の負担分担が協議されてきた。例えば、1919年から1939年の大戦間期のヨーロッパでは、難民の再定住に関わっていた国際連盟難民高等弁務官（LNHCR）は、国際労働機関（ILO）と連携して、難民が受入国の開発に貢献するために、難民の雇用・職業訓練プログラムなどを実施した。1922年から24年のギリシア難民危機の際には、[2] ギリシア政府から要請を受けた国際連盟は、ギリシア難民定住委員会（Greek Refugee Settlement Commission: GRSC）を設立し、ギリシア難民が自立するために財政支援を行い、開発プログラムを開始した。

荒廃した土地に建設された定住地では，国際連盟の支援によって，新たな農業技術が導入され，土地が開墾された。難民が始めたブドウ園，畑，タバコのプランテーション，酪農などは次第に成果をあげ，開発が進んだ。定住地での農業を中心とした経済活動が発展したことにより，難民は地域開発とギリシア経済に貢献することとなった。ギリシアの成功例から，LNHCRは同様の難民に対する支援と開発援助を連動させた難民開発援助プログラムをILOと共同でブルガリアなどのヨーロッパの難民受入国でも実施した[3]。また，難民が小規模なビジネスを始め，自立するためにマイクロ・ファイナンス（小口融資）も提供された。このマイクロ・ファイナンスの資金源は「ナンセン切手基金（Nansen Stamp Fund）」である。これは，難民の身分証明書として53ヶ国に承認されていた「ナンセン・パスポート」の発行・更新手数料（難民自身がこの手数料を負担），ノルウェー政府とフランス政府による難民支援のためのチャリティー切手販売収入と民間からの寄付を加えた基金であった[4]。

物理的負担分担の一例としては，1947年に発足した国際難民機関（IRO）による第三国定住の斡旋が挙げられよう。IROが1952年に閉鎖されるまで，ヨーロッパに滞留していた100万人以上の避難民をアメリカ，オーストラリア，イスラエル，カナダ，南米諸国は第三国定住の枠組みで受け入れた[5]。

このような事例は多々あるが，本章は，1960年代以降，世界の難民問題の中心がヨーロッパ域外へ移り，大量難民の発生に対処するために検討された国際的負担分担に関する重要な取組を概観する。そして，今日の財政的・物理的負担分担の制度化を考える上で重要な課題を明らかにしたい。

1 アフリカ難民国際会議：1981〜1984年

アフリカにおいて，開発援助と難民支援をリンクさせた難民開発援助はすでに1960年代から検討され，実施されてきた。それは，多くのアフリカ諸国は1960年代に独立を達成したものの，難民の発生が継続し，難民数が増加したからである。チャド，エチオピア，アンゴラ，ウガンダ，ザイール（現コンゴ民主共和国）などでは不安定な政治情勢が続き，アフリカ大陸における難民数は，

約300〜400万人に上った。さらに，母国へ帰還できないため，難民問題は長期化し，難民受入国の負担は増加した。そのため難民受入国の負担を軽減するために，難民が援助に依存せず，自立することが必要であると考えられた。

1960年代以降のアフリカにおける難民開発援助では様々なアクターが関与している。例えば，当時，イギリスに本部があるNGO，オックスファム（Oxfam）のフィールド・ディレクターであったトリストラム・ベッツ（Tristram Betts）は難民の潜在的可能性と難民の自立による恩恵を唱え，ウガンダでルワンダ難民が暮らす難民居住地での難民開発援助を実施した。ILOは開発志向の難民支援に関するプロジェクトをブルンジ，ウガンダ，タンザニアなどの東アフリカ諸国で実施していた。国連アフリカ経済委員会も，難民の雇用や職業訓練などを含め，難民が自立することをアフリカの難民支援プログラムに組み込むべきだと考え，1967年のアディス・アベバ会議で，①難民支援を国家開発計画と統合し，②新たなパイロット・プロジェクトを数ヶ国で実施し，③必要に応じた人的資源を確保するために難民に対する教育と職業訓練を提供し，④未開発の地域で難民を支援し活用する「ゾーン計画」の実施を提案した。アフリカの難民居住地で難民支援に関与していた民間団体も，換金作物の輸出を通して難民受入国を支援する農業プロジェクトを援助した。このようにアフリカでは難民の自立を達成するための農業開発を中心としたプロジェクトが難民支援の現場で実践されていた[6]。

このような状況を反映して，1979年5月にタンザニアのアルーシャでパン・アフリカ会議がアフリカ統一機構（OAU）の主催で開催され，アフリカ諸国および国際社会において，より公正な責任分担をいかに実現するかが討議された。この会議では，難民が最終的に出身国へ帰還するまでの間，難民と難民受入地域を対象とした開発援助を実施することが提案された。その後，1980年のスーダン政府主催による難民会議や1982年のハルツーム・セミナーなどとともに，1981年4月に第1回アフリカ難民援助国際会議（The First International Conference on Assistance to Refugees in Africa: ICARA I），1984年7月に第2回アフリカ難民援助国際会議（The Second International Conference on Assistance to Refugees in Africa: ICARA II）が開催された[7]。

これらのなかで、ICARA I はアフリカ諸国が主導した会議で、食糧や住居など難民の基本的ニーズを充足するための緊急援助に焦点があてられ、ドナー諸国は5億600万ドルの支援を約束した。会議終了後、クルト・ヴァルトハイム（Kurt Waldheim）国連事務総長は ICARA I は成功したと評価した。だが、実際にはドナー諸国の提供した資金は、援助供与国が重視する国へ援助するために使用目的が限定されていた。1981年9月までに ICARA の調整を担う運営委員会へ出された資金のうち、1億4400万ドルのみが使用目的が限定されておらず、1億7500万ドルは食料援助に割り当てられることとなっていた。約4000万ドルは優先順位が定められたプロジェクトに配当された。各国に配当される資金の上限は200万ドルに定められ、使用は食糧、水、住居、医療などの人道的援助に限定されていた。大量の難民が移動し、過重な負担を担っているエチオピアなどの国へ特別な援助が供与されることはなかった。結果的に ICARA I はアフリカの難民受入国を満足させるものではなかった。他方、ドナーである北側諸国も ICARA I に不満を抱いていた。これらの国々は、財政支援が難民問題の恒久的解決策に使用されず、援助が短期間の援助に浪費されるか、難民にほとんど恩恵がない時代遅れの開発プロジェクトに使用されることを憂慮していた。特に最大のドナーであったアメリカは、2億8500万ドルの財政援助を行ったにもかかわらず、支援が難民問題の恒久的解決策につながらないことに失望した。[8]

ICARA II は、ICARA I が失敗した反省から入念な準備が国連の技術チームによって行われ、難民に対する援助と開発、難民問題の恒久的解決策の模索が会議の主題となった。ICARA II では、難民の経済的自立と受入社会への統合を目標とし、難民開発援助が国家開発プログラムに組み込まれたタンザニアのプロジェクトが難民開発援助の成功例として紹介された。会議の最終宣言と活動プログラムにおいて、援助の必要性、難民の受入に伴うアフリカ諸国の過重な負担、「追加援助」、開発計画を制度化することなどが確認され、議長を務めたレオ・チンデマンス（Leo Tindemans）は ICARA II は成功理に終わったと称賛した。しかし、ICARA II は、アフリカ諸国にとっても、援助を供与する先進国にとっても満足が得られる会議ではなかった。ICARA II では14ヶ国で

128の援助計画を3年間実施するために3億9200万ドルの支援を確保すること
を目標としていた。だが、ドナーが供与すると約束したのは8100万ドルに過ぎ
ず、ドナー諸国の反応は、アフリカ諸国の期待に沿うものではなかった。バ
リー・ステイン（Barry Stein）は、先進国とアフリカ諸国間の「溝」は、会議
の目的に関する理解の相違に起因していたと指摘している[9]。アフリカ諸国が期
待していたのは、負担分担が議論の中心となることであった。他方、ドナー諸
国は負担分担の考えを支援に組み込み、援助を増額することを拒否し、自発的
帰還だけでなく、庇護国定住を実現するために、難民支援を開発援助と統合す
ることを重視していた。ドナーは、際限のない援助の増加を求めるアフリカ諸
国を警戒し、難民支援の具体的な成果を求めていた[10]。そのため、恒久的解決と
難民支援が明確にリンクしたプロジェクトでない限り、ドナー諸国は追加援助
をアフリカ諸国へ供与することに消極的であった。さらに、1985年にアフリカ
で深刻な干ばつが発生し、アフリカの角地域などで飢饉が深刻になったため、
ドナーは緊急援助に資金を提供し、ICARA に対して資金を十分に拠出するこ
とはなかった[11]。当初、難民開発援助の企画立案に関わっていた UNDP などの
開発機関は、ICARA II に対してドナーが十分な「追加援助」を供与しなかっ
たため、UNHCR と連携した難民開発援助に関与することはなかった。

2 中米難民国際会議：1987〜1995年

1970年代から80年代にかけて中米地域では内戦が発生し、約200万人が難民
となった。しかし、冷戦終焉後、和平交渉が進められ、難民問題の恒久的解決
策を実現する環境が整った。UNHCR は中米難民国際会議（International
Conference on Central American Refugees: CIREFCA）を開催した。CIREFCA は
ICARA と同様に、難民支援を開発と結びつけ、開発援助を利用して難民の恒
久的解決を実現することを目的とする会議であった。だが、ICARA とは異な
り、ドナーの支援と地域の関係諸国のコミットメントが成功した事例として高
く評価されている。

CIREFCA は単発的な会議というよりも、1987年の CIREFCA の準備段階

から，CIREFCA 終了後のフォローアップが終わる1994年まで続いた一連のプロセスといえよう。CIREFCA は1984年のカルタヘナ宣言のフォローアップ会議として開催された。しかし，1987年8月に開催された第2回中米首脳会談で合意に達した和平協定であるエキスプラス・ドゥ（Esquipulas II）合意において，避難民問題への対応が言及されていたことは，CIREFCA を開催する正当性を得る上でも，この地域の関係諸国やドナーのコミットメントを得る上でも有用であった。なお，CIREFCA の協調行動計画は，中米経済協力特別プログラムとして知られている UNDP のポスト・コンフリクト再建イニシアティブにおける避難民問題対策の一部に組み込まれていた。CIREFCA の主な目的は，救済と開発のギャップを埋め，開発アプローチを統合して難民の恒久的解決策を実現することであった。UNHCR と UNDP の協働は CIREFCA を機能させるために重要であり，両機関が CIREFCA 関連のプロジェクトを実施するために，合同支援ユニット（Joint Support Unit: JSU）をコスタリカのサン・ホセに設けられた。UNHCR と UNDP は，7ヶ国が自ら計画した「プライオリティ・プロジェクト」を遂行するための技術支援を行った。このプロジェクトは，難民，帰還民，国内避難民のニーズを反映しつつ，受入コミュニティにも恩恵をもたらすプログラムであった。[12]

CIREFCA は ICARA と主に2つの点で異なるアプローチをとっていたことは注目に値するであろう。第1は，資金の調達よりも関係諸国の間で政治的コンセンサスを醸成することを優先させたことである。ガテマラ・シティで開催された会議では，ドナーからの支援を引き出すよりも，中・長期的なプロセスを継続するための政治的コンセンサスを得ることに重点が置かれていた。準備段階において，政治的支援を獲得し，それを後の財政支援につないでいくことが戦略として考えられていた。CIREFCA プロセスの4段階（準備段階から会議終了後のフォローアップまで）において，初期の段階では政治的支援を得るために財政支援を協議に持ち出すことは意図的に避けられていた。UNHCR はインフォーマルな形で財政問題に関して各国の代表者と接触を試みていたものの，あくまでも政策，政治，外交的支援を得ることを優先していた。そのことが，結果的にドナーからの財政援助を獲得することにつながった。[13]

CIREFCA の本会議では，最終的に宣言と協調行動計画が採択され，協調行動計画では，3年間で約3億7500万ドルが必要とされる36のプロジェクトが実施されることになった。最大の援助供与国はイタリアで，UNDP の支援の下でエルサルバドルで行われていた領域開発プロジェクトである，中米避難民，難民，帰還民開発プログラム（The Development Program for Displaced Persons, Refugees and Returnees in Central America: PRODERE）に1億1500万米ドルを「追加援助」した[14]。

　CIREFCA の第2の特徴は，フォローアップ機能である。1987年の会議後もプロジェクトの進捗状況が JSU によって確認されるとともに，各国に設けられた国家調整委員会が進行中のプロジェクトを推進し，支援を継続した。また JSU は1990年6月にニューヨーク，1992年4月にエルサルバドルで二度の国際的なフォローアップ会合を開催した。CIREFCA が計画通りに進展していったことから，ドナーからの財政支援も増え，1990年の第1回目のニューヨークでのフォローアップ会議では，2億4500万ドルの支援が約束され，1992年の2回目の会議ではアメリカが800万ドルの追加援助を約束した。最終的に，総計約4億2230万ドルの追加援助が CIREFCA 関連のプロジェクトへ供与されたと推計されている[15]。

　同時に CIREFCA 対象地域では難民の恒久的解決においても著しい成果がみられた。第1に自発的帰還に関しては，行動計画に基づき，三者間協定の締結によって政治的対話が進むとともに，再統合のために財政支援が行われた。その結果，約2万7000人のサルバドル人，6万2000人のニカラグワ人，4万5000人のグアテマラ人がメキシコから母国へ帰還した。PRODERE や「クイック・インパクト・プロジェクト（QIP）」の枠組みで，帰還民とその受入地域の支援が行われた[16]。これは後に難民の帰還を平和構築や復興支援と連動させ，対象地域の開発援助を進める世銀主導のブルッキングス・アプローチや UNHCR のコンベンション・プラス・イニシアティブで提案された「帰還，再統合，復興，再建（Repatriation, Reintegration, Rehabilitation, and Reconstruction: 4Rs）」の先駆的事例になった[17]。

　第2に，恒久的解決策の1つである庇護国定住に関しても一定の成果がみら

れる。その一例が、ベリーズにいたサルバドル難民が庇護国へ統合するために行われたヴァレー・オブ・ピース・プロジェクトである。このプロジェクト自体は1983年には始まったが、道路が未整備で、地質も悪い密林地域に難民を定住させることに対して批判があった。CIREFCAの支援により、このプロジェクトは再生した。当初、難民に対して食料が支給され、住居を建設したり、農業を行うために必要な道具や種子を買う資金が供与され、開発が進められていった。その結果、2003年までに、約300世帯がプロジェクト実施地域に残り、現地社会へ統合されていった。同様に、コスタリカでサルバドル難民やニカラグワ難民の社会統合が行われた。[18] ただし、メーガン・ブラッドリイ（Megan Bradely）が指摘しているように、中米では難民認定は極めて「政治問題化」されており、国境を越えて他国へ避難した人々のうち、公的に難民として認定された人はさほど多くない。そのため、迫害や人権侵害などの理由で避難したにもかかわらず、難民や国内避難民として登録されていないために、CIREFCAの恩恵を受けることができなかった人が少なからずいることは留意すべきであろう。[19]

　CIREFCAにも問題はあるが、一定の成果を収めたのは、多くのドナーが恒久的解決を実現するために資金を提供したことにある。ドナーが資金提供を行ったのは単なる利他的な理由だけではない。CIREFCA関連のプロジェクトを実施するために最も多くの財政援助を行ったのは、「地域大国」のアメリカではなく、PRODEREのためにイタリアが提供した1億1500万ドルである。スウェーデン、ノルウェー、フィンランドなどのヨーロッパ諸国も主要な2国間援助のドナーであった。これらの国が資金を拠出したのは、中米地域の難民問題に対する関心よりも、地域の平和や開発のための平和構築、復興支援に関心があったからであり、地域が安定することで、ヨーロッパ諸国との貿易相手国となることが期待されていたからである。[20] このような国益に沿った支援と地域諸国の連携がCIREFCAプロセスを成功に導いた。

3 インドシナ難民包括的行動計画：1988〜1996年

　1975年のサイゴン陥落によりヴェトナム戦争は終結したが，それとともにヴェトナムおよび近隣の社会主義体制の国（主にラオス，カンボジア）から移動する庇護希望者が急増した。これらの庇護希望者はインドシナ難民または東南アジアや香港などへボートで移動したため，「ボート・ピープル」と呼ばれ，近隣の ASEAN 諸国や香港はこれらのインドシナ難民の受入を拒み，彼（女）らが乗った船が越境するのを阻止し，上陸を拒否した。多くのインドシナ難民が搭乗した船が海で遭難する事故が多発し，その様子がメディアで大々的に報じられると，インドシナ難民に関する国際的な関心が高まった。その結果，インドシナ難民の対応を協議するため，第 1 回目の国際会議が1979年に開催された。この会議では，東南アジア地域の国々は庇護希望者の越境を阻止せず，庇護希望者を「形式上の難民（prima facie refugee）」として受け入れ，アメリカや他の先進国は第一次庇護国に居住するインドシナ難民を第三国定住で受け入れることを約束した。またヴェトナムは不法出国の防止と家族再会や人道的な理由に限りヴェトナムからの合法出国を認める「合法出国計画（ODP）」を UNHCR との間で結んだ。この会議での合意を受け，約100万人以上のインドシナ難民が第一次庇護国から第三国へ定住した。

　しかし，1980年代後半になっても庇護希望者の移動は続き，アメリカがインドシナ難民の第三国定住受入数を減らすと，インドシナ難民の第一次庇護国は，庇護希望者が乗船しているボートを押し戻す政策を再開した。また約15万人のインドシナ難民は恒久的解決策の目途がないまま，収容施設や難民キャンプで暮らし，多くの第一次庇護国は難民としての認定や永住権・市民権の付与を拒否したため，法的な地位が曖昧な状態であった。[21]

　事態の悪化に伴い，1989年 7 月に UNHCR は第 2 回目の会議をジュネーブで開催することにした。1989年の冷戦終焉，1991年のソ連崩壊などのようにヴェトナムを取り巻く国際環境は変化し，ASEAN 諸国との関係改善を模索するヴェトナムは自国からの庇護希望者流出問題に積極的に関与する姿勢を示し

た。その結果、「インドシナ難民包括行動計画 (Comprehensive Plan of Action for Indochinese Refugees: CPA)」が採択された。CPA は送出国（ヴェトナム）、地域の第一次庇護国（主に ASEAN 諸国と香港）、第三国定住国（アメリカなどの先進国）の3者間協定という性格を有していた。CPA の実現には3者間協定に関与するすべてのアクターのコミットメントが不可欠で、いずれかが実行しない場合にはインドシナ難民の恒久的解決策の実現は不可能であった。第三国定住受入国は、設定された受入停止日までに第一次庇護国に「形式上の難民 (prima facie refugee)」として受け入れられた難民と、受入停止日 (cut-off date) 以降に到着し、個別難民認定審査で認定された難民をすべて第三国定住の枠組みで受け入れることを約束した。受入停止日は、国によって異なるものの、マレーシアは1989年3月14日を受入停止日として設定し、これは最も早く設定された受入停止日であった。ASEAN 諸国と香港は、第一次庇護国の原則を維持し、受入停止日以後に到着した庇護希望者を個別に審査し、認定（または不認定）を決め、ヴェトナムは難民として認定されなかった「ボート・ピープル」を受け入れ、全員をヴェトナム社会へ統合することを約束した。[22]

　CPA を実施する上で最も懸念されたのは、ヴェトナム政府の対応であった。CPA に関与している第一次庇護国、第三国定住受入国は、ヴェトナム政府にはヴェトナム人が出国するのを阻止するために必要な措置を講じ、国境を管理する意思も、能力もないのではないかと懸念していた。1989年7月にジュネーブで会議が開催される前から、オーストラリアなどの第三国定住受入国は、ヴェトナムが不認定となった庇護申請者の帰還はあくまでも自発的帰還であるべきだと主張していることからヴェトナム政府に対して不信感を抱いていた。1990年になるとヴェトナムに対する不信感は CPA 関与国の間でさらに高まった。1990年半ばにマニラで開催された常設委員会の会合ではヴェトナムへの帰還とヴェトナム政府による密航阻止が厳格に履行されていないことに憤慨していた参加国は、自発的帰還を主張するヴェトナムとそれを支持するアメリカを非難した。ヴェトナム難民の第一次庇護国（地域）である ASEAN 諸国と香港は、ヴェトナム政府からの協力が得られないのであれば、ノン・ルフールマン原則を破棄するという共同声明を出した。[23]

だが，表面化した CPA 関係国間の対立は，UNHCR のセルジオ・ヴィエラ・デメロの巧みな仲介による交渉によって解消し，関係諸国間でヴェトナム難民問題の対応に関してほぼコンセンサスに近い合意が最終的に得られることとなった。特に注目すべき合意点は，不認定となった庇護申請者は，3ヶ月間カウンセリングを受け，帰還が奨励されることと，ヴェトナムへの帰還をUNHCR がモニタリングするということであった。自発的帰還という原則はCPA を継続するために，「尊厳のある帰還」という原則に置き換えられ，政治的妥協が図られた[24]。また，帰還を奨励するために CIREPFCA で行われた QIPsと同様の支援がヴェトナムへ提供されることとなった。これらの決定は人権団体から非難されたが，1991年4月までに不認定となった8800人がヴェトナムへ送還された[25]。その後，ヴェトナム政府と帰還民に対する国際社会からの支援によって，ヴェトナム人の帰還は増加し，次第に密航者の数も減少していった。

第三国定住に関しては，UNHCR が推計した数に基づき，受入停止日までに受け入れた難民を3年以内に第三国定住させることとし，最初の1年目に約40%の難民を第三国定住させることが決まった。同時に，第三国定住に関しては，3つの原則（①最も社会的つながりがある国へ難民を第三国定住させる，②長期滞留者を優先させる，③社会的つながりがない難民のケースに関しては平等な負担分担を担う）が定められた。アメリカは第三国定住受入において最も重要な役割を果たし，受入停止日前および受入停止後の約40%のインドシナ難民を第三国定住の枠組みで受け入れた。また，受入国が経済に負担となるとみなし，受入を躊躇するインドシナ難民に関しては，ノルウェーが第三国定住の枠組みで受け入れた[26]。

CPA は大量の難民が発生した際の恒久的解決策の成功例とみなされているが，それが達成できた背景に主に2つの要因がある。第1は，アメリカ，カナダ，オーストラリア，ニュージーランド，およびヨーロッパ諸国の政府が連携し，難民の第三国定住受入にコミットしたことである。第2に，難民として認定されなかった人たちに対して，帰還や合法的な移民など恒久的解決策とは異なる人道的な解決策が用意されたことである[27]。これらの実現には，アメリカの強いリーダーシップによる政治的働きかけがあり，それを受けて関係諸国が問

第1部 理論分析

題解決のために個々に求められた役割を果たしたことにある。

4　コンベンション・プラス・イニシアティブ：2003〜2005年

冷戦の終焉は難民問題の終焉ではなかった。第二次世界大戦後，国家間の紛争は激減したが，1990年代以降，民族紛争や内戦などの国内紛争が多発し，難民・国内避難民の数は減少せず，長期滞留難民も増えた。従来の国際難民法で対処することが難しい問題が増加したため，1951年難民条約採択50周年を迎えるにあたり，UNHCR は国家，NGO，専門家とともに「グローバル・コンサルテーション」を行い，2002年6月に活動指針として「保護のための課題（Agenda for Protection）」を発表した。特に，「負担分担」と長期滞留難民の恒久的解決のために，当時 UNHCR 高等弁務官であったルベルスは，2002年10月に開催された執行委員会で，「コンベンション・プラス（Convention Plus: CP）」という概念を提示した。2003年6月に開催された第1回フォーラムでの討議を経て，CP では，再定住の戦略的な使用，難民を対象とする開発援助（Targeting Development Assistance: TDA），不規則な第 2 次移動（Irregular Secondary Movement: ISM）の3分野が構成された。再定住と ISM に関しては，関心を持つ国が参加するコア・グループが形成され，再定住に関してはカナダ，ISM に関してはスイスと南アが議長国となった。TDA に関してはコア・グループが形成されず，デンマークと日本がファシリテーターとなった。

2003年のUNHCR執行委員会で，開発援助を難民支援とリンクさせる3つの方策が打ち出された。それらは，①難民に対する開発援助（Development Assistance for Refugees: DAR），②難民を庇護国社会へ統合するための開発援助（Development through Local Integration: DLI），③帰還，再統合，復興，再建（Repatriation, Reintegration, Rehabilitation, and Reconstruction: 4Rs）である。UNHCR は二国間交渉，多国間交渉を通じて各国政府と「特別な合意」を結び，難民保護に関する負担分担を確保しようとした。③に関しては，紛争後の復興支援・平和構築と難民の帰還がリンクされ，支援が行われることが多かった。①と②に関して，UNHCR は，「リンケージ・アプローチ」と「グッド・プラ

クティス・アプローチ」からドナーへ働きかけを行った。前者は，UNHCR が国益に直接関わる問題やドナーが重視する重要な問題（安全保障，移民問題，開発問題など）と難民開発援助をリンクさせることによってドナーからの協力を引き出すアプローチであった。後者は難民開発援助の成功例からドナーの支援をとりつけようとする試みであった。DLI 型難民開発援助としては，2002年3月から西部州4県（モング，カオマ，セナンガ，サンガンボ）に居住する難民と受入地域の住民を対象として開始されたザンビア・イニシアティブ，DAR 型の難民開発援助としては，ウガンダで2004年から導入された，難民および難民受入地域に対する開発援助（Development Assistance for Refugee Hosting Areas: DAR）などがグッド・プラクティスとして紹介されていた。[32]

CPI が検討された背景には，1990年代以降，難民・国内避難民の数が増えたこととともに，従来比較的寛大に難民を受け入れてきた国々が，庇護希望者の移動を阻止する，「封じ込め政策」や抑圧的な難民政策を実施するケースが増えてきたことが関わっている。アフリカでも，1990年代以降，難民政策を転換し，各国が加入（もしくは批准）している国際難民条約に違反する政策を実施する国が増えてきた。特に特定の地域や国に難民の移動は偏重しており，新たに難民保護の負担分担に関する規範的な枠組みを国際的な交渉を通じて策定することが必要とされていたのであった。だが，当初，途上国の難民受入国に対する財政的負担分担を通して開発援助を行うことを支持していた，UNHCR の主要なドナーである EU 諸国は，DAR・DLI 型難民開発援助を支援することを躊躇した。資金の不足により，予定されていた計画が進まず，UNHCR と UNDP や世銀などとの提携による DAR・DLI 型難民開発援助は進展しなかった。ルベルス難民高等弁務官の辞任に伴い，CPI は2005年に終了した。

CPI でも，財政的負担分担に関する交渉では，「北」のドナー諸国と「南」の難民受入国の対立が露呈した。第1節でみた ICARA I II では，ドナーとアフリカの難民受入国の認識の違いが明らかになった。アフリカ諸国は難民保護に伴う負担を軽減するために，インフラ整備のための「追加援助（additional assistance）」を求めたのに対し，先進国側の関心は難民の恒久的解決にあった。ドナーは難民保護の負担分担という考え自体を否定していたわけではないが，

恒久的解決に結びつかない支援に追加援助を提供することに消極的であった[33]。同様に，CPIに関する交渉でも南北間の「溝」は埋まらなかった。ドナー諸国は追加援助を途上国へ提供することに慎重な姿勢を示し，ドナーを中心にCPIに関する協議が行われていることに途上国は落胆した。他方，先進国は難民の自立や庇護国への統合に消極的な途上国に失望した[34]。その結果，CPIに関しても，グローバル・レベルでの財政的負担分担の制度化が進展することはなかった。

5 ソリューションズ・アライアンス：2014年～

CPIは2005年で終了したが，難民保護の負担分担に関する議論が終了したわけではない。2008年6月からグテーレス高等弁務官は「長期滞留難民状況に関する高等弁務官イニシアティブ（High Commissioner's Initiative on Protracted Refugee Situations）」を開始し，2009年5月から執行委員会で長期滞留難民問題が討議され，同年12月に結論第109号（LXI）が採択された[35]。長期滞留難民に関する新たな定義[36]，難民の自立の奨励，長期滞留難民の受入に伴う負担と難民受入国と受入コミュニティに対する配慮，難民の庇護国社会への統合を行う際の国家主権の尊重，個々の難民の状況に応じた恒久的解決策の適用，国家と国際機関の長期滞留難民問題へのコミットメント，UNHCRと他の国連専門機関との連携などに関して加盟国は合意した。2010年には「保護の挑戦に関する高等弁務官ダイアローグ（High Commissioner's Dialogue on Protection Challenge）」において，強制移動の様々なサイクルにおける負担分担・責任分担が話し合われ，財政的負担分担の必要性が確認された[37]。2011年に開催されたUNHCR専門家会議でも国際協力を強化することで合意した[38]。

さらに2014年4月からは長期滞留難民および国内避難民の恒久的解決策を目指す新たなイニシアティブとして，「ソリューション・アライアンス（The Solution Alliance: SA）」が始まることとなった。これは，2011年に，UNHCRとUNDPが対象国の政府や他のパートナーとともに始めた「トランスナショナル・ソリューションズ・イニシアティブ（Transnational Solutions Initiatives: TSI）」

と，2011年に国連事務総長の政策諮問委員会が提案した恒久的解決策に関する決定を統合した「トランスナショナル・ソリューションズ・イニシアティブ・プラス（Transnational Solutions Initiative Plus: TSI+）」が土台になっている[39]。SA はマルチ・ステークホルダー・イニシアティブで，当初，UNHCR，国際救済委員会（International Rescue Committee），コロンビア，デンマークが共同議長となり，デンマーク難民評議会が事務局としての支援を提供することとなった。SA では，人道支援機関と開発援助機関が連携することや，民間セクターの関与，難民の援助依存や難民キャンプへの隔離などから難民の自立や経済活動の促進，受入地域の経済開発を推進し，難民・国内避難民問題の進歩的な解決を実現することが目的とされている。これまでに 3 つのテーマ別グループと国別ワーキング・グループ（ソマリア難民，ザンビア，ウガンダ，タンザニア）が設けられた[40]。

2011年以降，世界各地で難民・国内避難民が急増したことによって SA を後押しする気運は高まっている。しかし，これまでにも難民支援と開発援助をリンクさせた支援策は度々協議されてきたのに対して，実際の成功例は少ない。そのため，SA を含めた財政的負担分担が実効性の伴う制度として形成されるかどうかは現時点では定かでない。

おわりに

既述のように難民問題を恒久的に解決するには国際協力が必要であるが，今日の国際難民レジームでは，難民保護の負担分担や国際協力を定めた条約や規則は存在しない。だが，上記のように大量の庇護希望者の移動や難民の受入に伴う過重な負担が特定の地域に集中した場合，アドホックな形で問題解決のための国際会議が開催されたり，新たな支援プログラムが打ち出されてきた。

これまでにみてきた取組の失敗例および成功例から，負担分担に関する国際協力が実現するには一定の条件が必要であると考えられる。1980年代の ICARA と2000年代の CPI は，庇護国の負担を軽減することを目的とした財政的負担分担による難民開発援助の失敗例である。ICARA では，ドナーと庇護

第1部 理論分析

国の認識の違いが露呈した。アフリカ諸国は難民保護に伴う負担を軽減するために，インフラ整備のための「追加援助」を求めたが，ドナー側の関心は難民問題の恒久的解決にあった。ドナーは難民保護の負担分担という考え自体には賛同したものの，恒久的解決に結びつかない支援に余剰の財政援助を供与することに消極的であった[41]。CPI においても，南北間の「溝」は埋まらなかった。ドナー諸国は追加援助を途上国へ提供することを躊躇し，途上国はドナーが中心になって CPI を協議していることに不満を抱いた。他方，ドナーが援助を行っても，途上国において庇護国定住や難民の自立が実現しないことに幻滅していた[42]。その結果，CPI が当初目的としていた国際協力に基づく財政的負担分担の制度化が具体的に進展することはなかった。

　他方，中米における CIREFCA と，インドシナ難民の問題に対処した CPA は数少ない成功例である。CIREFCA の場合，財政的負担分担による開発援助が難民の帰還や庇護国定住に効果的に利用された。CPA の場合は，難民送出国であるヴェトナムの密航阻止と帰還民の統合，アメリカなどの欧米諸国の物理的負担分担が成功の鍵となった。この２つの事例が成功した背景には，①問題を関係諸国が高い政治課題とみなし，②鍵となる国（または組織）が関与を続け，③難民問題が他の重要な政治問題とリンクされたことがある。そのため各国が難民支援のために負担分担を行うことは，自国の国益に適うと判断され，支援が集まったのである。

注

1) United Nations, General Assembly, Outcome of the World Humanitarian Summit, Report of the Secretary-General, 23 August 2016, A/71/353; United Nations, General Assembly, Resolutions Adopted by the General Assembly on 19 September 2016, A/RES/71/1.
2) 1923年ローザンヌ条約によって，ギリシア領内のイスラム教徒とトルコ領内のギリシア正教徒の交換が決定し，当時550万人の人口であったギリシャへ120万人のギリシャ正教徒が難民として移動した。See, Erik-June Zürcher, "Greek and Turkish Refugees and Deportees 1919-1924", Turkology Update Leiden Project, Working Paper Archive, Department of Turkish Studies, University of Leiden, 2003, pp. 3-4, http://www.transanatolie.com/english/turkey/turks/ottomans/ejz18.pdf
3) Alexander Betts and etc., *Refugee Economies: Forced Displacement and Development*,

Oxford University Press, 2017, p. 15.
4) 小澤藍『難民保護の制度化に向けて』国際書院，2012年，57～58頁。
5) 同上，68～71頁。
6) Betts and etc., *op.cit.*, pp. 16-18.
7) 小泉康一『グローバリゼーションと国際強制移動』勁草書房，2009年，102～103頁。
8) Alexander Betts, "International Cooperation and the Targeting of Development Assistance for Refugee Solutions: Lessons from the 1980s", *New Issues in Refugee Research*, Working Paper No. 107, 2004, pp. 7-8.
9) Barry Stein, "ICARA II: Burden-sharing and Durable Solutions", in John R. Rogge ed., *Refugees: A Third World Dilemma*, Rowman & Littlefield, 1987, p. 67.
10) R. F. Gorman, *Coping with Africa's Refugee Burden: A Time for Solutions*, Martinus Nijihoff Publishers, 1987, p. 67.
11) 小泉，前掲書，102～104頁。
12) Betts and etc., *op.cit.*, pp. 26-27.
13) *Ibid.*, p. 28.
14) *Ibid.*, pp. 27-28.
15) *Ibid.*, p. 29.
16) *Ibid.*
17) ブルッキングス・アプローチに関しては，以下参照。小泉，前掲書，132～138頁。
18) Alexander Betts, "Historical Lessons for Overcoming Protracted Refugee Situations", in Gil Loecher and etc. eds., *Protracted Refugee Situations: Political, Human Rights and Security Implication*, United Nations University Press, 2008, pp. 170-171.
19) Megan Bradley, "Unlocking Protracted Displacement: Central America's "Success Story" Reconsidered", *Refugee Survey Quarterly*, Vol. 30, No. 4, 2011, p. 92.
20) Betts, "Historical Lessons", p. 169.
21) Alexander Betts, *Protection by Persuasion: International Cooperation in the Refugee Regime*, Cornell University Press, 2009, pp. 112-113.
22) *Ibid.*, pp. 114-117.
23) *Ibid.*, pp. 117-121.
24) Betts, "Historical Lessons", pp. 174-175.
25) Betts, *Protection by Persuasion*, pp. 123-124.
26) *Ibid.*, pp. 124-125.
27) Alexander Betts and Paul Collier, *Refuge: Transforming a Broken Refugee System*, Allen Lane, 2017, p. 50.
28) 「保護の課題」では，(A) 1951年難民条約および1967年議定書の履行強化，(B) 広範な人の移動のなかでの難民保護，(C) 難民の受け入れ，保護に関する責任と役割の平等な分担と能力向上，(D) 安全保障に係る事項の効果的処理，(E) 恒久的解決のための努力，(F) 女性と子どもの保護，という6つの目標が示された。
29) Alexander Betts and Jean-François Durieux, "Convention Plus as a Norm-Setting

Exercise" *Journal of Refugee Studies*, Vol. 20, No. 3, 2007, pp. 511-513.
30) UNHCR, Executive Committee of High Commissioner's Programme, 'Framework for Durable Solutions for Refugees and Persons of Concern', EC/54/SC/INF. 3, September 2003.
31) Betts and Durieux, *op.cit.*, pp. 509-510.
32) UNHCR High Commissioner's Forum, Statement of Good Practice on Targeting Development Assistance for Durable Solutions for Forced Displacement, FORUM/2005/3, 2 May 2005, http://www.unhcr.org/protection/convention/426cf2c02/statement-good-practice-targeting-development-assistance-durable-solutions. html (accessed 13 December 2006).
33) Betts, *Protection by Persuasion*, pp. 53-66.
34) *Ibid.*, p. 151.
35) UNHCR Executive Committee, Conclusion on Protracted Refugee Situations, No. 109, 2009.
36) 従来の定義では，2万5000人以上で恒久的解決の見込みがなく，5年以上庇護国に滞在する状態にある難民を長期滞留難民としていたが，2万5000人以上という条件が削除された。
37) Report by the Co-Chairs, High Commissioner's Dialogue on Protection Challenges "Protection Gaps and Responses" (8-9 December 2010), Breakout Session 2: International Cooperation, Burden Sharing and Comprehensive Regional Approaches, http://www.unhcr.org/4d09e4e09.html
38) UNHCR, Expert Meeting on International Cooperations to Share Burdens and Responsibilities, 27-28 June 2011, Summary Conclusions, http://www.unhcr.org/4ea0105f99.html (accessed 2 May 2013).
39) Betts and etc., *op.cit.*, pp. 36-37.
40) UNDP, Solutions Alliance, 2015 Solutions Alliance Annual Report, http://www.europe.undp.org/content/dam/geneva/docs/Sollutions%20Alliance%20Annual%20Report%202015.pdf (accessed 23 October 2017).
41) Betts, *Protection by Persuasion*, pp. 53-66.
42) *Ibid.*

第3章　国際的負担分担をどのように実施するか

はじめに

　国際的負担分担とは，難民の基本的人権を保護し，人間らしい生活を送るために「北」の富裕国が「南」の貧窮国が直面する難民の受入に伴う負担を緩和するために財政的負担分担や物理的負担分担を行うことである。国際的負担分担の必要性は広く認知されてきた。第2章でみたように，深刻な難民問題が発生した際に，負担分担に国家が関与し，国家間の協調により成果を収めた事例もある。

　しかしながら，国家が負担分担に積極的に関与し，難民問題の恒久的解決が実現するケースは稀である。今後，国際的負担分担が制度化するには，規範とルールの整備と，国家や他の諸アクターが協調して対処する枠組みが必要である。同時に制度化された国際的負担分担は，庇護国での難民の権利を保護するものでなければならない。本章では，今後の国際的負担分担の制度化に向けて，どのような負担分担のルールと制度を形成すべきかを先行研究から考察する。

1　国際的負担分担を実現するための条件

　難民保護の国際的負担分担の必要性は認識され，また特定の難民問題に関しては，関係諸国が負担分担を担うことで難民問題の恒久的解決が実現した。しかし，アフリカ難民開発会議（ICARA）やコンベンション・プラス・イニシアティブ（CPI）のように負担分担に関する協力が実現しなかった事例もある。

では，負担分担に関する国家間の協力を実現するには，どうしたらよいのであろうか。本節では，共通の利益の実現を妨げたり，促す要因を特定するために利用される集合行為論の分析アプローチである，グローバル公共財とゲーム理論を援用しながら，負担分担に関する国家間協力を進めるために必要な要件を考えたい。

（1） グローバル公共財

一般的に公共財は，「社会全体の公共的な利益に資するものでありながら，市場原理のもとでは供給されないか，不十分な量しか供給されない財」のことである。例えば，国内社会においては，警察や消防などの社会サービスなどがそれに該当する。[1] また公共財には排除不可能性と非競合性を持つと定義されている。排除不可能性とは，便益を受けようとする者を排除しないことであり，非競合性とは，便益を受ける者が増えても，便益を受ける機会が損なわれないことを指す。グローバル公共財は，非競合性と非排除性を持ち，便益が国境を越えて広がる財である。[2] しかし，その非排除性，非競合性と，国際社会には，強制力を持つ国際機関や世界政府が存在しないことから，グローバル公共財の供給には，コストを負担せず，ただ乗りする，「フリーライド」問題が生じることが指摘されてきた。

アストリ・シュルケ（Astri Suhrke）らは，国際的難民保護をグローバル公共財とみなし，負担分担の制度化が進展しない最大の原因が「フリーライド」の問題にあると論じた。過去に成功例である，第二次世界大戦直後のヨーロッパにおける避難民問題や，1989年のインドシナ難民包括行動計画は，アメリカが「覇権大国」として，過大な負担を担ったことが国際的負担分担を達成する鍵であったと述べている。[3]

だが，すべての地球規模の課題が，完全な非競合性と非排除性を有する純粋なグローバル公共財でないように，国際的負担分担も純粋なグローバル公共財ではない。国際的負担分担は，どの国が便益を提供しようと，すべての国が恩恵を得るグローバルな公共財であるが，同時に，1種類の公共財が複数の便益（純粋便益と私的便益）を生む，「結合生産（joint product）」である。[4] ある国が難

民の保護のために資金を他国へ提供したり，第一次庇護国にいる難民を第三国定住によって受け入れることは，国際的な名声を得たり，国内のニーズに応えたり，国家の利益や外交戦略などが絡んでおり，自国も様々な恩恵を得ることができるからである。また，ドナーは UNHCR へ資金の拠出額を変えたり，使用目的を限定することで，自国の目的や政策を UNHCR の活動を通して実現することが可能である。「結合生産」を有する公共財であることで，負担分担において，「フリーライド」の問題が皆無になるわけではないが，国家が負担分担に関与しない可能性は低くなる。だが，私的財としての問題が生じる場合もある。それは自国の利益と関係のない難民問題や人道支援に対しては，ドナー国が公共財を供給しない可能性があるためである。また，ドナー国の関心や目的は変わるため，公共財の供給もそれに応じて変化する可能性がある。[5]

（2） ゲーム理論

ゲーム理論も，特定の問題領域において国家が協力する上での問題を特定したり，どのように国際協力を阻む問題を解決できるかを検討するために利用される分析枠組みである。通常，ゲーム理論では，国家は自らのベネフィットを最大化し，コストを最小化しようと行動する合理的な選択をする主体として想定されている。

ゲーム理論においてグローバル公共財の供給に関する集団的行為を分析する場合，一般的に囚人のジレンマ・ゲームが用いられることが多い。[6] このゲームは，2人の共犯者が別々の独房に入れられ，双方のコミュニケーション手段が断たれた状況で，看守より「先に自白したら釈放され，自分の罪も相手になすりつけることができる」と相手より先に自白を進められた際に，2人がどのような行動を選択するかが想定される。両者には，「黙秘」と「自白」という2つの選択肢がある。2人がお互いに「黙秘」すれば，懲役は1年となり，お互いが「自白」すれば，懲役は5年となる。一方が「自白」し，他方が「黙秘」した場合は，「自白」した者は無罪，「黙秘」した者は10年服役しなければならない。この場合，両者とも「黙秘」すれば，1年のみ服役することになるので，両者にとっての最適戦略（optimal strategy）は「黙秘」である。個人的な最適

表3-1 囚人のジレンマ

		Actor B	
		C（協力）	D（離脱）
Actor A	C（協力）	3, 3	1, 4
	D（離脱）	4, 1	2, 2

出所：Betts, Protection by Persuastion, p.29 より筆者作成。

戦略は，「相手よりも先に」自白することで，釈放されることである。問題は，両者が自白するという合理的な行動を選択した場合，両者とも5年服役することになる不合理な結果が生じることである[7]。周知のように，これはあくまでもメタファーであり，アクター間を調整するメカニズムがない場合，国家は他国から供給されるグローバル公共財にフリーライドし，結果的に不合理な結末が生じることを示唆している。囚人のジレンマ・ゲームを難民保護の負担分担へ適用するならば，表3-1のように，2ヶ国は「協力」または「離脱」という選択がある。両国の集団的最適戦略は，協力することであり，双方が単独で行動するならば，個別的最適戦略は，相手が「協力」し，自分は「離脱」することである。調整するメカニズムがない場合，両国は「離脱」を選択し，結果的に負担分担は実現しない結果が生じることになる。したがって，難民保護を囚人のジレンマ・ゲーム理論を適用して分析すると，国家が負担分担に常にコミットするメカニズムを創ることが困難であることがわかる[8]。

　しかし，囚人のジレンマ・ゲームの議論をそのまま難民保護の負担分担へ適用することは妥当ではないだろう。それは，囚人のジレンマ・ゲームでは2つのアクターは力関係において対等であることを想定しているのに対し，国際的負担分担においては，「北」と「南」の国家間の関係は対等ではないからである[9]。国際的負担分担は「北」のドナーによる財政援助と第三国定住受入を前提とし，「南」の途上国は難民を受け入れざるをえない。越境が比較的容易で，庇護希望者を受け入れる強い規範的義務があるため，紛争や国内情勢が不安定な国に隣接している国は難民を受け入れる以外の選択肢がほとんどない。他方，先進国は難民発生国から距離的に離れ，負担分担を実施するかどうかは国家の裁量に委ねられており，庇護希望者が移動することを阻止できる。その結果，難民

表3-2 負担分担における説得ゲーム

		Actor B（北）	
		C（協力）	D（離脱）
Actor A（南）	C（協力）	4, 3	3, 4
	D（離脱）	2, 1	1, 1

出所：Betts, Protection by Persuation, p.34 より筆者作成。

受入上位10ヶ国が世界の難民の約60％を受け入れ，約84％の難民は途上国に住んでいる[10]。国家間の非対称的関係は地域間ではより強固で，難民流出国の隣国は政治的交渉におけるバーゲニング・パワーが弱い。

このような状況から，ベッツらは，ハンセンクレバー，メイヤー，リットバーガーやマーティンなどが提唱した「説得ゲーム（suasion game）」を利用して，国際的負担分担の協力問題を分析することを提案している。このゲームでは，「北」のドナー国と「南」の難民受入国の2ヶ国が存在し，難民はグローバル・サウスにある国から隣国へ移動することが出発点として想定されている。そして，難民は出身地域外へ移動する手段がないか，「北」が「封じ込め政策」をしており，「北」は「南」から難民の移動を「隔離」していることが前提となっている。「北」には，負担分担に関与する（協力）か，協力しない（離脱）という2つの選択肢がある。「南」の難民受入国は，難民を庇護する（協力）か，庇護しない（離脱）の2つの選択肢があるが，現実には通常「南」には法的義務から難民を庇護する選択しかできない。「北」には，負担分担をするか（しないか）を決める裁量がある。表3-2のように，両者の力関係の非対称性から，「南」の均衡点は常にC，Dで，協力は十分に行われず，長期滞留難民問題が継続する結果になる[11]。このような力関係の非対称性が存在しているのは，地理的制約と「北」の国境管理政策に起因している。難民発生地域との地理的距離により，「北」の領域内へ移動してきた難民を受け入れ，庇護する可能性はさほど高くない。さらに，ビザの取得や密航ほう助に対する厳罰化などの新たな法律の導入や海上警備の強化によって，庇護希望者の越境を阻止したり，難民保護の責任を回避する政策に資金が投入されている。現在の難民レジームにおいて，地理的隣接性が難民の受入と密接な関係にあり，「南」が難民受入

に関して過度の負担を担わざるをえない。他方,「北」にとって,「南」の難民保護のために負担分担を行うことが自国の利益に強く結びついていないため,国際的負担分担を行う強い政治的動機がない。

では,「北」と「南」の非対称的な関係において,どうすれば「北」のドナー国が負担を担うように説得できるのであろうか。歴史的にはこれまでに主に4つの方策が実施された時に一定の成果を収めてきた。

第1は,国境封鎖である。「南」の受入国は,CC から CD へシフト,双方とも最悪になることで,「北」が負担分担をせざるをえなくなるかもしれない。これはかなりリスクが高い戦略であり,実際に実行するには国境管理や庇護希望者を追放できるキャパシティを有していることが必要となる。歴史的にこの方策はしばしば大量難民が発生したときに実施されてきた。例えば,1999年にコソヴォ難民が大量に発生した際,マケドニアは国境を封鎖すると表明し,EU諸国からの援助を獲得することに成功した。あるいは,インドシナ難民問題が深刻になった ASEAN 諸国は,ヴェトナム難民の「押し返し政策」を行った。事態の悪化に伴い,1989年にインドシナ難民包括行動計画が採択され,「北」は財政的・物理的負担分担を行うことに合意した。[12]

第2の方策は,「イシュー・リンケージ」または「インタレスト・リンケージ」である。国際的負担分担に関して法的拘束力のある規範がないため,ドナー諸国が負担分担を行うインセンティブとなるのは,利他的な理由よりも,国益等の利己的な理由であることが多い。この場合の国益とは,安全保障,開発,広義の外交上の関心などの主要な政治問題である。ドナーからの支援を引き出すには,ドナーにとって優先度の高い諸問題(安全保障,第二次移動,平和構築,ビジネスなど)と財政的負担分担をリンクさせ,問題横断的な交渉と制度構築を行う必要がある。[13] ただし,イシュー・リンケージが必ずしも難民保護の「質」を向上させるとは限らない。特に安全保障やテロは,難民問題とリンクさせ,問題横断的説得を行う上で有力な問題であるが,難民問題を「安全保障問題化」することは,抑圧的で非人道的な難民政策を正当化することになるリスクもある。[14]

第3の方策は,「通過容認(Waive-throughs)」である。この事例としては,

2015年にヨーロッパに大量の庇護希望者が到来した際に，多くの国が受入を回避するために，庇護希望者が自国を通過し，他国へ移動することを容認してきたことが挙げられよう。EUでは庇護希望者が域外の第三国から非正規に構成国に入国した場合，最初に入国した国が責任を負うことを定めている。しかし，多くの庇護希望者はトルコを出て，EUの外部国境国であるギリシアへ渡り，バルカン半島，オーストリアを陸路で移動して，ドイツやスウェーデンに到着した。「説得ゲーム」においては，通常，「南」の難民受入国は「弱い立場」であるが，トルコは庇護希望者がEUの外部国境国に隣接した国であり，EU域内への庇護希望者の移動を阻止したいEU諸国に対して政治的に強いバーゲニング・パワーを行使できる立場を得た。結果として，2016年3月にトルコとEUは難民流入対策を中心とする「EU‐トルコ声明」に合意し，トルコへ30億ユーロを支援することになった。[15]

　第4の方策，リフレーミングである。これは難民を「負担（コスト）」とみなすか，「恩恵（ベネフィット）」とみなすかという認識の問題で，認識は時とともに変化する可能性がある。難民に対する認識の変化により，説得ゲームにおいて選好の優位性が変わる。例えば，ウガンダにおける自立戦略では，難民を開発の担い手とみなし，国家の開発戦略に組み込んだ。受入国や受入社会にとって恩恵をもたらす潜在的可能性があると難民をリフレーミングすることで支援を獲得している。[16]

2　国際的負担分担の制度化に関するアイディア

（1）　負担の分配に関する基準や指標

　グローバルまたは地域レベルで難民保護の負担分担が必要であることは広く認知されているが，それをどのように制度化するかは極めて難しい問題である。まず問題となるのは，グローバル・レベルでの負担分担を調整するための基準や指標である。第1章で論じたように，難民受入に伴う負担を特定することは容易ではなく，国際的なコンセンサスは存在しない。これまでUNHCRが実施してきた難民保護の貢献度指数は，「量」的な側面から貢献を測るため，

難民受入数，GDP比，人口比などを指標として使用してきた。難民保護の「質」（すなわち難民に対する支援や恒久的解決策へのアクセスなど）に関しては，国際人権法や国際難民法の基準から分析されているが，客観的な指標を設定することは難しい。

いずれにしても，国際的負担分担を行う場合には分配を行う上で何らかの指標，基準，原則などが必要である。以下，これまで提案されてきた負担を分配するための基準をみていきたい。

[クオータ制]

負担分担のメカニズムとして様々なアプローチが提案されているが，その1つがクオータ制の導入である。これは国家が難民保護に対して積極的に貢献しているか否かを指数として計量化し，それに応じて，各国が負担を平等に担う制度を構築することを前提としている。例えば，ハットン（Hatton）とモロニー（Moloney）は難民の庇護へのアクセスを考慮した難民政策に基づく庇護政策指標（Asylum Policy Index）を提案している。[17] 他方，ティーレマン（Thielemann）は，OECD加盟国の抑止的な難民政策を把握するために，コントロールへのアクセス，審査過程，難民の統合という3つの点から庇護政策を分析した庇護抑止指標（Asylum Deterrence Index）を考案している。[18] どのような指標が有効であるかは議論を呼ぶ問題であるが，一定の指標を設け，グローバル・レベルで負担分担のメカニズムを一元的に調整するために，クオータ制を導入し，国家間が負担分担を行う案が出されている。ハサウェイ（Hathaway）やネーブ（Neve）は，GDPや人口などの指標に基づき国家が担うべき負担を割り当てる集権的なモデルを提案している。[19]

クオータ制の導入とともに，配当されているクオータを取引する案も提示されている。この先例となるのが気候変動ガバナンスの排出権取引である。負担分担の場合は，GDPや人口比に応じて，割り当てられたクオータを他国と取引することが考えられている。シュック（Shuck）は，地域（もしくは準地域）レベルで難民受入負担分担制度を創設することを提案している。新たな負担分担制度では，加盟国は難民の受入に伴う負担分担を行うことに合意し，負担分

担業務を担う新たな組織（あるいは改革された既存の組織）は，加盟国の経済状態に応じて難民保護に関する「クオータ」を配当する。国家に割り当てられているクオータは「一時的保護」と第三国定住であるが，加盟国は必要に応じて配当されたクオータを他国と取引することができる。例えば，一時的保護を提供することができない国は，代わりにクオータで配当されている以上に一時的保護を行っている国へ資金を提供することで割当を取引することができる[20]。ただし，深刻な人権侵害がある国と経済的に貧窮している国は割当取引制度の対象外となる[21]。

　だが，クオータ取引に対しては批判も多い。例えば，ギブニーは，クオータ取引は，難民を商品のように扱うことになると批判している。クオータ取引を容認することで，人権の保護と連帯意識に基づく難民保護から逸脱し，難民保護のための負担分担が単なる市場の交換取引となってしまうことが危惧されている[22]。他方，クオータ取引支持者は，グローバル・レベルで，難民の保護を受ける機会が増え，全体のコストが削減することで公共財の供給が持続するのであれば，取引は倫理的であると主張している[23]。

[地域または集団を対象とした負担分担]

　ハサウェイとネーブは，最も効果的な負担分担のメカニズムとして地域または集団を対象として負担分担メカニズムを創設することを提案している。このメカニズムでは，地域レベルでは地域機構を通じて加盟国が負担を分担することが想定されている。集団負担分担では，緊急に対応しなければならない難民問題が発生した場合，特定の難民集団の受入を国家間で調整し，負担を分担することが想定されている[24]。

　地域レベルでの負担分担で彼らが考える制度に最も近いのは，EU における負担分担のメカニズムであろう。EU では「ダブリン・システム」と呼ばれる欧州共通庇護制度があり，庇護申請者に対して責任を負う国を優先順位が定められた基準によって決定するシステムが設けられた。これは，「アサイラム・ショッピング」や「庇護のたらいまわし」を防ぐ目的で考えられた。しかし，外部国境をなす，ギリシア，イタリア，マルタなどは庇護希望者の増加で多大

な負担を強いられることとなった。そのため，2008年に大規模な難民の流入に直面した加盟国に対して難民受入費用を負担分担するために欧州難民基金が設けられ[25]，2010年には欧州庇護支援事務所が設立され，負担分担の仕組みが整備されることとなった。さらに2015年以降の庇護希望者の急増により，2015年9月にEU理事会は「緊急再配置プログラム」を採択した。先述のように，これはイタリアおよびギリシアに到着した約16万人の難民を他の加盟国の人口，GDP，庇護申請者数，失業率などを考慮して再配置し，再配置に参加する加盟国とイタリア・ギリシアへ財政支援を行う計画である[26]。だが，この割当案に対する反発も強く，ハンガリー，ポーランド，チェコは再配置による受入を拒否している[27]。

[難民の選好に基づくマッチング・システム]

　物理的負担分担は，人の移動が関わる問題であるため，難民に様々な選択肢が与えられ，難民の合意の下で第三国定住が行われることが望ましい。近年，物理的負担分担において難民の選好と受入先をマッチングさせる取組が提案されている。基本的に，難民と受入先が望む条件（定住する場所，年齢など）に関して優先順位を設定し，それを照合して第三国定住受入国を決める方法である。グローバル・レベルでの物理的負担分担の場合，まず，第三国定住受入国は難民受入総数を決める。次に難民の希望と国家が設定した受入の基準や優先順位を照らし合わせて，最終的に難民の第三国定住の受入国が決定される。政治的かつ倫理的な配慮のもとで受入国が定める受入難民の基準を規定することが求められている[28]。

　マッチング・システムに基づく負担分担に対しては，批判も多い。第1は規範的な問題で，難民の権利をどこまで認めるのかという問題と関わっている。難民の選好に対して，難民の権利は，ノン・ルフールマン原則が遵守され，基本的な権利が保障される安全な国で庇護される権利を持つが，どこの国で庇護を受けるかを選ぶ権利はないという見解がある。デビット・オーウェン（David Owen）は，「難民は安全なところに暮らす権利はあるが，自らが住む国を選ぶ権利はない」と論じている[29]。難民の受入や難民の権利の拡充を積極的に支持し

ているジョセフ・カレンズですら,「難民は安全な地で居住する道徳的権利を有するが,どこに居住するかを選択する資格はない」と述べている[30]。これらの議論は,難民は移民と異なり,迫害や人権侵害など,自国の政府からの庇護を受けることができないがゆえに難民であることを前提としている。だが,難民が居住する国を選択する権利を積極的に支持する見解は少ないものの,家族の再統合や,宗教,民族,文化,社会統合の可能性などを配慮した第三国定住の受入が難民にとっても,受入国にとっても望ましい場合がある。

第2は実務上の問題である。すべての難民の希望を考慮したマッチング・システムを機能させるには,運用において膨大なデータを管理し,優先順位をマッチさせていかなければならない。そのため,一元的にデータを管理し,システムを運営する集権的な制度が必要であるだろう。同時に第三国定住受入国の受入数は限定されているため,自ずとすべての難民の選好を反映した第三国定住受入には限界がある。

負担分担の最終的な目的は庇護国の難民受入に伴う負担を軽減し,庇護国が適切な難民支援を行うことで難民の権利を保護することである。従来の難民支援や負担分担の議論では難民の主体性やニーズを考慮されることがあまりなかった。当事者である難民の選好を配慮することは,難民の権利の拡充と保護の「質」を総合的に考える上でも重要である。

(2) 制度に関するモデル

国際的負担分担に関するグローバルな協力体制を確立するには,規範の整備とともに,各国が担う負担を調整するメカニズムが必要である。このメカニズムとして主に3つのモデルが考えられる。第1は,特定の難民問題が発生した際,状況やニーズに応じて負担分担の方策や制度を主要なアクターが協議して,負担分担の方策を定める「アドホック・モデル」である。第2は,常設の組織や機関が一元的に負担分担の調整を行う,「集権的(centralized)モデル」である。第3は「ハイブリッド・モデル」で,重大な難民問題に個別対処するため,負担が集権的に調整され,各国が負担を担うモデルである[31]。

これまで実施されてきた国際的負担分担の多くは,第1モデルに該当する。

第2章でみたように，1980年代のアフリカ難民開発会議（ICARA），1987年から1995年までの中米難民国際会議（CIREFCA），1989年から1995年のインドシナ難民包括行動計画（CAP）なども第1モデルの事例である。

第3モデルは，EUに限定されるが，2015年春頃からヨーロッパへ移動する庇護希望者が増えたことに対して，2015年9月にEU理事会で採択された「緊急再配置プログラム」が該当するだろう。これは，EU域外の庇護希望者が大量に到着し，対応を行う前線国であるギリシアとイタリアを支援するため，両国に到着した庇護希望者を他の加盟国に再配置するとともに，再配置に参加する加盟国に財政的支援をする暫定措置である[32]。「決定案」の運用に関しては，欧州庇護申請事務所（European Asylum Support Office）と欧州対外国境管理庁（Frontex）および他の関連機関が調整に関する支援を提供することになった[33]。

第2モデルは，地域レベルでは，ラテンアメリカで2004年に「メキシコ宣言および行動計画（Mexico Declaration and Plan of Action to Strengthen the International Protection of Refugees in Latin America）」が採択され，地域レベルで難民保護の負担分担・責任分担の制度化の取組が行われている[34]。しかし，グローバル・レベルでは存在しない。ハサウェイやネーブなどは，現行のアドホックな国際的負担分担から公正性と比較優位の原則に基づくクオータ制を導入し，集権的な国際的負担分担制度を設立することを推奨している。彼らが負担の分配を行う際に利用する指標や原則となるのは，国家のキャパシティ（GDP，人口など）と「共通だが差異のある責任分担（common but differentiated responsibility-sharing: CBDRS）」という考えである。CBDRSでは，資金の提供や難民の受入などすべての国が難民保護のために最低限の貢献を行うことが求められる。難民保護のための貢献は個々の国の状況を考慮した責務を各国が担うことで，グローバルに負担が分担されることが想定されている。例えば，財政的負担分担に積極的に関わり，多額の資金を提供する国や，ある国は難民の受入を中心に負担を担うといった差異のある負担を担うことが念頭に置かれている。重要なのは，すべての国が何らかの負担を担うことで難民保護の負担分担が行われるグローバルな協力体制を実現することである。

しかしながら，集権的モデルにおいて負担分担の国家間協力を制度化するの

は容易ではない。このモデルが機能するには各国へクオータを割り当て，クオータの実施を強制する「権威」を持つ「ブローカー」が必要である。通常，この役割を果たすのは「覇権国」であるが，「覇権国」が自発的に公共財を提供しうる誘因があるのだろうか。

　3つのモデルのなかで制度化されれば最も効果的に各国に負担を割り当て，公共財の提供を担保しうるのは第2モデルである。しかし，各国が何らかの負担を担うことが強く求められ，それを集権的に調整する制度を構築するのは容易ではない。過去の成功例はNATOやEUなどの事例に限定されている。第1モデルの場合，関心の高い難民問題に対しては国家間の協力が得られることから，第2，第3モデルよりも実現の可能性は高く，過去の実績もある。しかし，第1モデルの場合も，国家間の合意の成立が容易ではなく，ドナーの利害を調整する必要がある。さらに，長期滞留難民問題などのように受入国の負担は深刻でありながら，注目が集まらない，もしくはドナー国にとって国益と関わりのない問題への支援は看過される場合が多い。UNHCRの予算はドナーからの拠出金に依存しているが，1990年代半ば以降ドナーのアフリカ難民問題に対する関心が低下したことに伴い，アフリカの難民支援プログラムに対してUNHCRへ提供された資金はUNHCRが要請した金額の半分以下となった。慢性的な財政的困難が続き，2012年度は必要な支援のうち49％しか提供できない状態であった[35]。アフリカに対する拠出金は，注目が集まる緊急事態や帰還事業に集中し，長期滞留難民に対する支援資金が集まらないのが現状である。

3　国際的負担分担と難民の権利

　これまで国際的負担分担をどのように実施するかを考察してきたが，言うまでもなく国際的負担分担の最大の目的は難民の基本的人権を保護し，難民が自らの潜在的能力を活かし，尊厳のある生活を送ることである。先行研究では，国際的負担分担が必要な根拠やこれまでの国際的負担分担の取組に関する研究蓄積があるが，国際的負担分担と難民保護の関係性に関する研究はさほど多くない。ここでは負担分担と難民保護の関連性において注目すべき点を指摘して

第1部　理論分析

おきたい。

（1）　財政的負担分担

　財政的負担分担は2国間援助（政府間援助），国際機関または NGO を通じて行われるが，そのなかで最大の財政的負担分担は UNHCR に対する資金供与である。UNHCR はその活動資金の約9割をドナー諸国からの任意拠出金と民間からの寄付に依存している。UNHCR は当該国政府や NGO と協定を結び，難民支援プログラムを実施している。様々な難民支援プログラムは，受入地域の住民と難民の関係を良好にするため，難民だけでなく難民キャンプ（または居住地）周辺地域の住民に対しても提供される場合が多い。

　例えば，ウガンダでは，地元民の潜在的な不満を軽減するため，UNHCR の支援の40％がキリヤドンゴ難民居住地の周辺地域へ提供されていた[36]。同様にタンザニアのキゴマやカゲラの難民受入地域に対する特別支援プログラムがドナーとタンザニア政府によって実施された[37]。このように，難民支援のための人道援助と開発援助の境界線は難民受入地域では曖昧であり，かつ難民受入地域を含めた「広い難民支援」は難民政策を遂行するために重要である。各国の難民政策は，難民の権利や福利に深く関わっているが，難民政策は，単に人道的な理由や国際難民条約上の国際的義務から決定されているわけではなく，歴史，安全保障，環境，経済などの国内的要因や国益などの多様な側面に配慮して策定されている。

　ジャコブセン（Jacobsen）は，難民支援を提供するドナーと受入国政府の間には，一種の「政治的駆け引き」が存在すると論じている。受入国政府の主な関心は，①難民保護の責任を国際社会が果たし，難民支援が自国へ提供されること，②難民支援が政府と自国民に利益をもたらすこと，③政府の存在が国際援助機関から認知され，政府の正統性を維持することである。他方，ドナーの関心は①国家が難民の受入を継続し，②難民の保護と治安に関する責任を庇護国が果たすことである[38]。

　これまでの調査から，財政的負担分担による難民開発援助は難民の権利の向上に寄与している場合と，そうでない場合があることが明らかになっている。

その鍵となるのは，受入国政府の姿勢である。政府が難民の受入を否定的に捉え，難民開発援助を活用する意欲がない場合や，難民の統合に対して消極的もしくは否定的な場合，財政的負担分担が直接的に難民の権利を保護することと結びつかないことが明らかになっている[39]。難民開発援助が庇護国政府の政策の転換を促すことにつながるかどうかという問題に対して，ポルツァー（Polzer）はドナーや UNHCR による支援が難民の庇護国社会への統合を促進することにあまり効果的ではないと論じている[40]。

「南」と「北」の目的や関心は異なるが，交渉によって政治的妥協が図られ，難民保護に関する協力が進められる可能性はある。例えば，ウガンダのアルア県は開発政策から取り残された地域の1つであったが，1999年に難民と難民受入地域の住民を対象とした自立戦略（Self-Reliance Strategy）と呼ばれる難民開発援助プログラムを実施した結果，農業の生産性が高まり，教育，医療，安全な水へのアクセスが向上した。難民の受入地域に対する支援は，難民と地元民の双方に利益をもたらしてきた。その結果，難民と地元民の関係は良好である[41]。あるいはデンマークのように，自国の内政問題と外交戦略が難民開発援助と連動している場合，ドナーはより積極的に財政的負担分担に関与するかもしれない[42]。だが，難民保護の国際的負担分担に関しては，難民受入国とドナーの関係は対等でなく，ドナーが圧倒的に優位な交渉力を有している。財政的負担分担によって難民受入国を固定化することになれば，難民保護の責任転嫁，負担転嫁を制度化してしまう可能性がある。

（2）　物理的負担分担と難民の権利

第三国定住の受入国は2005年は14ヶ国だったのに対して，2016年には37ヶ国に増えたが[43]，第三国定住ができる難民は世界全体の難民の約1％に過ぎない[44]。図3-1のように，世界およびアフリカからの難民の第三国定住の数は変動している。アフリカに住む難民の第三国定住による受入は2004年がピークで，2005年から減少が続いていたが，2015年から2016年末までは2004年を超える増加がみられた[45]。だが，2017年1月に誕生したトランプ政権は難民受入数を削減することを表明しており，2017年以降，第三国定住受入数は減少すると推定さ

図3-1 第三国定住難民数の変遷

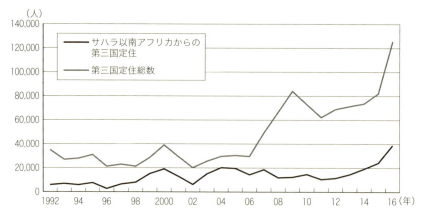

出所：1992〜95：SYB2001, 1996〜06：SYB2005, 2006：global res needs 2008, 2007：GRN 2007&2009, 2009：GRN2011, 2010：GRN 2012, 2008：SYB, 2011&2012：gt, 2018：GRN より筆者作成。

れている。

　難民にとって，第三国定住は様々な恩恵をもたらすが，受入対象となる難民は限られており，かつその選別方法にも問題が散見される。第三国定住の場合，UNHCR が対象となる難民を選定し，第三国定住受入国へ照会するケースと，第三国定住受入国の担当者が第三国定住難民を審査し，受入の可否を決めるケースがある。いずれのケースでも，第三国定住は受入国の裁量に委ねられている。通常，第三国定住の対象となるのは，保護が必要な人，暴力または拷問のサバイバー，恒久的解決の見込みがない人，医療のケアが必要な人，危険にさらされている女性と少女，保護者がいない未成年者，家族再統合のカテゴリーに該当する難民である[46]。だが，**第6章**で述べるように，実際の対象者の選定には透明性や公正性に問題があり，腐敗や汚職などの問題も指摘されている。また第三国定住が唯一可能な恒久的解決策と考える難民も多く，そのことが難民の第一次庇護国での自立や社会統合を妨げる一因になっているという指摘もある[47]。

4 ドナーの政治的動機と負担分担に関する若干の考察

　ドナーは単に利他的な理由で難民保護のための国際的負担分担に関与するわけではない。むしろ，自国の国益と直接または間接的に関連したときのほうが，負担分担に関与する傾向が強い。しかし，その場合，**第 1 章**で指摘したように，「北」へ庇護希望者の移動を阻止するために財政的援助が利用され，負担分担というよりも，実際には難民保護の負担転嫁になる可能性がある。言うまでもなく，現在，オーストラリア，EU および EU 諸国など検討あるいは実施されている「安全な第三国協定」や「プッシュバック政策」には問題が多く，本書は「移動の自由」を含む難民の権利を否定し，ノン・ルフールマン原則から逸脱した政策を支持しているわけではない。だが，様々な問題や副次的問題があることを憂慮しつつも，「北」から「南」への財的資源の再分配を含む負担分担を支持するのは，主に以下の 3 つの理由からである。

　第 1 は，前述のように，最も多くの難民が「南」の国々に集中しており，難民受入国の大半は物的，人的資源が欠如しているからである。第 2 は，難民が隣国や出身地域にいることは，文化的にも，社会的に受入地域に統合しやすいというメリットがある。アフリカの多くの国は植民地宗主国の行政単位をそのまま継承し，国境線を画定しているが，植民地列強諸国がアフリカへ進出し，植民地支配を行う上で策定した行政単位は政治的妥協もしくは戦争によって確定したものである。その際，同じ民族や文化集団が分割されたり，分断されて暮らすこととなった。アフリカでは古くから人の移動が頻繁に行われ，欧米列強による植民地分割で同一の民族・エスニック集団が国境によって分断された後も交易や冠婚葬祭などを通じ，民族・エスニック集団間の交流が続いてきた。また異なる文化や伝統を持つ客人を寛大に受け入れるという慣習もある。難民は同系もしくは近接する民族が居住する隣国へ逃れる場合が多く，ガボン，コートジボワール，ギニア，タンザニア，ザンビア，ウガンダ，南アフリカなどの農村では，「自発的定住難民」の事実上の統合がみられる。[48] 近隣諸国で暮らすことは，出身国の政治情勢が変化したり，紛争が終了し，帰還できる状況

になった場合，比較的早く帰還できるというメリットもある。

　第3に多くの「北」の国が難民の受入に消極的で，「南」の庇護希望者が移動することはますます難しくなってきている。「南」からの難民に対する差別や排斥を掲げる政権や政党が支持を拡大している。さらにビザ取得要件の厳格化，非合法的な移動を阻止するため警備や懲罰が強化されている。むろんこのような難民に対する基本的な人権の否定や差別的な政策は大いに問題であるが，このような「北」の政策は庇護希望者の移動をより困難にしている。「経由国」と呼ばれるリビアやエジプトを経由してアフリカ大陸からヨーロッパへ移動を試みる人は途絶えることはないが，「北」への移動には，動機や強い意思とともに，資金や体力，健康，そして移動の機会が必要であり，多くの人々は移動する途中で拉致されたり，誘拐され，病気や事故に遭遇して命を落としている。第三国定住で「北」へ移動できる人も極めて少ない。[49] アフリカにいる難民の移動パターンは多様であるが，大半の難民は「出身地域」にとどまらざるをえない。以上の理由から，「南」の難民受入国へ支援することが求められ，また難民の権利を保護する上でも必要である。

おわりに

　国際的負担分担を制度化する場合，どのような指標で負担を特定し，負担を配分するかは難問である。また「公正な」負担分担とはどのような状態を指すのか，明確な指針を設定することは難しい。例えば，財政的負担分担には積極的に関与しているが，物理的負担分担にはさほど貢献していない場合や，多額の財政的負担分担をしているものの，拠出した資金には使用目的が限定されている場合や，物理的負担分担として多くの難民を第一次庇護国から受け入れているが，第三国定住難民が特定の国の出身者にほぼ限定されている場合など，公正性や平等性の観点から判断が難しい状態が想定される。さらにどこまで難民の「選好」を考慮すべきかは，規範的にも実務的にも論議を呼ぶ問題である。

　国際的負担分担を制度化する上で3つのモデルが想定できるが，これまで実施されてきたほとんどの国際的負担分担の取組はアド・ホック・モデルに該当

する。効率的かつ包括的な国際的負担分担を実施するには第2モデルが望ましいが，国家間が妥協し，協調する制度を形成し，維持することは容易ではない。しかし，国際的負担分担は純粋な公共財ではなく，私的財的な側面もあり，国家は負担分担が自国の利益に適う場合，財政的・物理的負担分担に関与することが想定できる。

　このような負担分担による庇護国への支援が庇護国の負担を軽減に寄与しているのか，また，難民の権利や難民のライブリーフッドの拡充にどう関わっているのかを，次章以下で具体的な事例から検討していく。

注
1) 稲田十一『国際協力のレジーム分析—制度・規範の生成とその過程』有信堂，2013年，6頁。
2) 中川真太郎「グローバル公共財とグローバル秩序—排除可能性再考」『経済論叢』（京都大学）第185巻第1号，2011年，17頁。
3) Astri Suhrke, "Burden-sharing during Refugee Emergencies: The Logic of Collective versus National Action", *Journal of Refugee Studies*, Vol. 11, No. 4, 1998, pp. 396-414.
4) Alexander Betts, "Public Goods Theory and the Provision of Refugee Protection: The Role of the Joint-Product Model in Burden-Sharing Theory", *Journal of Refugee Studies*, Vol. 16, No. 3, 2003, pp. 275-279.
5) Steven D. Roper and Lilian A. Barria, "Burden Sharing in the Funding of the UNHCR: Refugee Protection as an Impure Public Good", *Journal of Conflict Resolution* XX(X), 2010, pp. 16-17.
6) 中西寛・石田淳・田所昌幸『国際政治学』有斐閣，2013年，199頁。
7) 砂原庸介・稗田健志・多湖淳『政治学の第一歩』有斐閣，2015年，11〜13頁。
8) Alexander Betts, *Protection by Persuasion: International Cooperation in the Refugee Regime*, Cornell University Press, 2009, pp. 27-30.
9) *Ibid.*, pp. 31-36.
10) UNHCR, Global Trends: Forced Displacement in 2016, June 2017, pp. 13-17.
11) Alexander Betts, *Protection by Persuasion*, pp. 32-35.
12) Alexander Betts, Cathryn Costello and Natasha Zaun, "A Fair Share: Refugees and Responsibility-Sharing", *Report* 2017:10, Delmi, p. 32.
13) James Milner, *Refugees, the State and the Politics of Asylum in Africa*, Palgrave Macmillan, pp. 173-183.
14) *Ibid.*, pp. 61-83.
15) 「EU・トルコの難民政策合意—その背景と進捗状況」EU MAG, Vol. 52（2016年7月），http://eumag.jp/behind/d0716/（accessed 14 November 2017）。

16) Betts, Costello and Zaun, *op.cit.*, p. 33.
17) See, Tim Hatton and Joe Moloney, "Applications for Asylum in the Developed World: Modelling Asylum Claims by Origin and Destination", Australian Government, Department of Immigration and Border Protection: Occasional Paper 14, 2015.
18) See, Eiko R. Thielemann, "Symbolic Politics or Effective Burden-Sharing? Redistribution, Side-Payments, and the European Refugee Fund," *Journal of Common Market Studies*, Vol. 43, No. 4, 2006.
19) See, James Hathaway and R. Alexander Neve, "Making International Refugee Law Relevant Again: A Proposal for Collectivized and Solution-Oriented Protection", Harvard Human Rights *Law Journal*, Vol. 10, 1997.
20) Peter Shuck, "Refugee Burden-Sharing: A Modest Proposal, Fifteen Years Later", John M. Olin Center for Studies in Law, Economics, and Public Policy, Yale Law School, Research Paper No. 480, 2013, pp. 3-4.
21) *Ibid.*, p. 23.
22) Matthew J. Gibney, "Refugees and Justice between States", *European Journal of Political Theory*, Vol. 14, No. 4, pp. 457-462.
23) Peter Schuck, *op.cit.*, pp. 31-34.
24) James Hathaway, "Preface: Can International Refugee Law be made Relevant Again?," in James Hathaway ed., *Reconceiving International Refugee Law*, Martinus Nijhoff Publishers, 1997, pp. xxiii-xxiv.
25) 中坂恵美子『難民問題と『連帯』―EUのダブリン・システムと地域保護プログラム』東信堂、2010年、104〜105頁。
26) 田村祐子「EUにおける『難民12万人割当て決定』」『外国の立法』第268号、2016年、8頁。
27) 川村真理「難民・移民の大規模移動とEU法制の課題」『杏林社会科学研究』第33巻第1号、2017年、10〜12頁。
28) Hillel Rapoport and Jesús Fernández-Huertas Moraga, "Tradeable Refugee-Admission Quotas: A Policy Proposal to Reform the EU Asylum Policy", EUI Working Paper RSCAS 2014/10; Will Jones and Alexander Teitelboym, "Choice, Preferences and Priorities in Matching System for Refugees," *Forced Migration Review*, 51, 2016.
29) David Owen, "Global Justice, National Responsibility and Transnational Power," *Review of International Studies*, Vol. 36, 2010, p. 110.
30) Joseph Carens, *The Ethics of Immigration*, Oxford University Press, 2013, p. 216.
31) Betts, Costello and Zaun, *op.cit.*, pp. 65-68.
32) 田村、前掲論文、7〜9頁。
33) Council Decision (EU) 2015/1601 of 22 September 2015 Establishing Provisional Measures in the Area of International Protection for the Benefit of Italy and Greece.
34) Mexico Declaration and Plan of Action to Strengthen the International Protection of Refugees in Latin America, Mexico City, 16 November 2004.

35) UNHCR, Global Trends 2012 , 2013, pp. 2-3.
36) Tania Kaiser, "UNHCR's Withdrawal from Kiryandongo: Anatomy of a Handover," *New Issues in Refugee Research*, Working Paper No. 32, 2000, p. 7.
37) Loren B. Landau, "Protection and Dignity in Johannesburg: Shortcomings of South Africa's Urban Refugee Policy", *Journal of Refugee Studies*, Vol. 19, No. 3, 2006.
38) Karen Jacobsen, "Can Refugees Benefit the State? Refugees Resources and African Statebuilding", *Journal of Modern African Studies*, Vol. 40, No. 3, 2002, pp. 588-589.
39) 以下参照。杉木明子「アフリカにおける難民保護と国際難民レジーム」川端正久・落合雄彦編著『アフリカと世界』晃洋書房，2012年。
40) Tara Polzer, "Negotiating Rights: The Politics of Local Integration", *Refuge*, Vol. 26, No. 2, 2009, p. 100.
41) 杉木，前掲論文，374〜376頁。
42) 以下参照。杉木明子「国際的難民保護の『負担分担』と難民開発援助に対するドナーの動向―デンマークの事例から」『神戸学院法学』第39巻第1号，2009年。
43) UNHCR, Information on Resettlement, http://www.unhcr.org/information-on-unhcr-resettlement.html (accessed 3 December 2017).
44) UNHCR, Resettlement, http://www.unhcr.org/pages/4a16b1676.html (accessed 3 December 2017).
45) UNHCR, Projected Global Resettlement Needs 2018, June 2017, p. 72.
46) UNCR, Resettlement Handbook, Division of International Protection, Revised Ed., 2011, pp. 243-296.
47) Cindy Horst, *Transnational Nomads: How Somalis Cope with Refugee Life in the Dadaab Camps of Kenya*, Berghahan Books, 2006, pp. 161-200.
48) Alexandra Fielden, "Local Integration: An Under-Reported Solution to Protracted Refugee Situations", *New Issues in Refugee Research*, Research Paper No. 158 (June 2008), pp. 6-12.
49) 杉木明子「アフリカにおける強制移動民と混合移動―ソマリアの事例から」『国際問題』No. 662（2017年6月号），2017年，26〜28頁。

第2部

事例研究

第4章　難民の受入に伴う負担と難民の経済活動

ウガンダの事例から

「家族を全員殺され，自分だけが生き残ったことが分かったとき，生きていることをとても悔やんだ。でも，ウガンダにたどりついた時，見ず知らずの人が食べ物をくれ，助けてくれた。人生は理不尽なことが多いけど，ミラクルもあると思う。」(G)

「1994年の春，ルワンダで大虐殺が始まった頃，ルワンダから血に染まった川の水が流れて来て，死体が流れてきたから，すごく大変なことがおきたってわかったわ。だから村の人たちと，ルワンダから難民を受け入れるのは当然のことだと話し合っていたの。」(E)

「ここにいる難民の多くは第三国定住で欧米諸国へ行きたいと夢見ている。でも現実を知るべきだ。行けるのはごく少数。だから俺は決めたんだ。実現しそうもない夢をみて，不平を言って無駄に時間を過ごすのではなく，今ここでできることを精一杯やるって。」(M)

はじめに

　2011年以降，世界各地で庇護希望者，庇護申請者，難民の数が急増しているだけではなく，庇護国で5年以上滞在する長期滞留難民も増えている。長期滞留難民が総難民人口に占める割合は，1993年の時点で48％であったのに対し，2004年末の時点では61％（約550万人以上）を占めていた[1]。2015年には難民の人口の約3分の2にあたる1200万人が長期滞留難民であり，長期滞留難民が庇護国で暮らす平均年数は26年以上におよんでいる[2]。このような状況に呼応して，多くの国では庇護希望者の移動を阻止する「難民封じ込め政策」や庇護申請者や難民の権利を否定する難民政策が実施されている。

　アフリカ諸国もその例外ではない。1990年代以降，多くのアフリカ諸国は門

戸開放的な難民政策を転換し，難民の権利を否定する政策を実施している。特に懸念されている政策の1つが，「難民隔離政策」である。南アフリカ共和国やガボンなどの例外はあるが，多くのアフリカ諸国では政府が指定した場所に建設された難民キャンプや難民居住地に難民が住むことが定められ，難民の自由な移動や賃金を得る就労が禁止されている。さらに近年，ノン・ルフールマン原則に反して，庇護希望者の越境を阻止したり，難民キャンプの閉鎖を表明し，難民の送還を強行する国も増加している。

　しかし，難民の受入は庇護国に負担のみをもたらすのであろうか。ウガンダはイギリス植民地時代から大量の難民を受け入れてきた，世界有数の「難民受入大国」である。2016年に約36万2000人が地中海を越え，ヨーロッパへ移動したと推計されているが，ウガンダは2016年だけで約48万9000人の南スーダン難民を受け入れ[3]，2017年11月1日の時点で140万218人の難民を受け入れている[4]。ウガンダではルワンダ難民の問題を除き[5]，難民に対する深刻な人権侵害はなく，難民は様々な経済活動に関わり，移動の自由も認められている。そのため，ウガンダは「難民になるには最適な国の1つ」[6]，「最も進歩的で，先進的な難民政策実施国」などと評され，賞賛されてきた[7]。むろん，ウガンダの難民政策に問題がないわけではない。だが，ウガンダでは難民および難民受入地域に対する開発援助と難民の経済活動を認めることにより，難民が受入国へ恩恵をもたらす存在であることを示している。本章ではウガンダの先駆的な事例を分析し，国際的な難民保護や難民政策の新たな可能性を検討したい。

1　ウガンダにおける難民政策

（1）　難民政策概要

　ウガンダは，イギリス植民地時代から多くの難民を受け入れてきたが，1986年に発足したムセヴェニ政権は比較的寛容な難民政策を行ってきた。現在難民問題全般を総括するのは，首相府（OPM）の災害準備・管理・難民省（Ministry of Disaster Preparedness, Management and Refugees）の難民局（Department of Refugees: DoR）である。2017年11月の時点で，図4-1のようにウガンダ全土

第4章　難民の受入に伴う負担と難民の経済活動

図4-1　ウガンダにおける難民居住地難民数および難民出身国概要

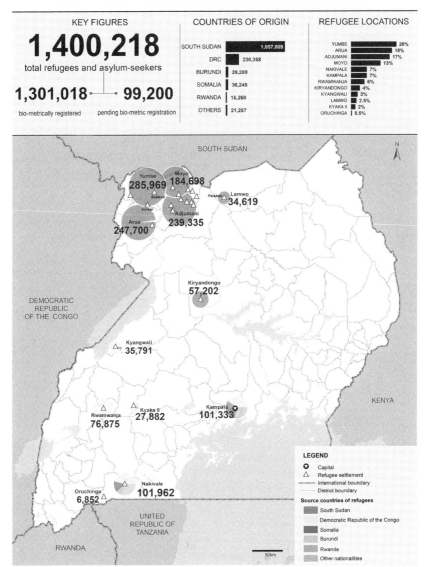

出所：UNHCR, Refugees and Asylum Seekers as of 1 November 2017.

に28の難民居住地が設けられている[8]。難民居住地がある主要地域には難民ディスク・オフィサー（Refugee Desk Officer）が派遣され，各難民居住地へは難民居住地指揮官（settlement commandant）やその他のスタッフがOPMから派遣されている。難民居住地ではUNHCRとそのパートナーであるNGOが難民に対して教育，医療，コミュニティ・サービスなどを提供している。

　ウガンダの難民認定方法は2つに大別される。第1は，難民居住地で庇護申請を行う方法である。ウガンダに到着した庇護希望者は，難民居住地指揮官に報告後，庇護申請に関する書類を提出する。難民資格審査委員会が申請書類を審査し，難民として認定（または認定を拒否）する。第2の方法は，首都のカンパラにあるオールド・カンパラ警察署で登録する方法である。オールド・カンパラ警察署で庇護の申請の登録を行うと，個々の庇護申請者の登録がOPMのDoRへ報告され，難民審査委員会が申請を審査し，認定または不認定を決める。2016年の時点でウガンダはコンゴ民主共和国，南スーダン，およびブルンジから避難してきた人々を一括して「形式上の難民（prima facie refugee）」として認定している[9]。これらの国以外から来た庇護申請者は個別に審査される。審査結果に不服がある場合は，決定が下されてから30日以内に難民上訴委員会へ不服を申し立てなければならない。ウガンダの司法制度では，難民資格審査委員会および難民上訴委員会の決定は行政判断であることから，高等裁判所へ上訴できる。なお，迫害等から逃れるためにウガンダへ越境してきたものの，様々な理由で庇護申請を行わずに避難した地に住む，「自発的定住難民（self-settled refugee）」と呼ばれる人もかなり多い。

　ウガンダでは，かねてから政府が指定した土地に難民を居住させる「居住地（local settlement）政策」を実施してきた。難民として認定されると，世帯の人数に応じて宅地と農地がOPMから配分され，毎月配給される食糧や生活必需品を受け取ることができる配給カードなどの基本的な支援が提供される。難民は農業に従事しながら経済的に自立した生活を送ることが期待され，新規に到着した難民に対しては，援助団体から食糧が配給されるが，次第に配給量は削減される。

　ウガンダで「居住地政策」が行われてきたのは，主に3つの理由からである。

第1は，イギリス植民地時代に行ってきた難民政策の継承である。ウガンダでは第二次世界大戦中にヨーロッパやアフリカ諸国から来た難民を受け入れていた。ヨーロッパから移動してきた難民が地元住民と接触することを避けるために，難民を特定の土地に居住させ，難民へ土地を提供したことが今日の「居住地政策」の始まりとなった。第2に，「居住地政策」は難民支援だけでなく，地域開発と結びつけられて考案された。難民居住地は人口密度の低い農村地域に設けられ，難民が居住することで，新たな地域が開拓され，UNHCRやNGOなどの支援団体が難民居住地とその周辺地域を援助することが期待されていた。第3に，難民と難民受入地域に住む住民は，民族，文化，言語に関して近縁な集団であることが多い。例えば南スーダンからウエスト・ナイルへ移動してきた難民の多くはルグバラ，カクワ，マディなどでこの地域の住民と同系のエスニック集団である。コンゴ民主共和国やルワンダからやってきたほとんどの難民は，ウガンダ西部に居住し，この地域に住む住民と同じバントゥ系である。[10]

（2） 難民の法的権利

　ウガンダにおける難民の法的権利は，難民に付与されている特別な権利と，人が人であるがゆえにすべての人が保持する基本的人権に大別できる。ウガンダは，1966年社会的，経済的，文化的権利に関する国際規約（社会権規約），1966年市民的および政治的権利に関する国際規約（自由権規約），あらゆる形態の人種差別の撤廃に関する国際条約，「女性（政府訳では女子）に対するあらゆる形態の差別の撤廃に関する条約」，「拷問及びその他の残虐な，非人道的な又は品位を傷つける取り扱い又は刑罰を禁止する条約」，「子ども（政府訳では児童）の権利に関する条約」といった主要な国際人権条約に加入している。また，1981年にアフリカ統一機構（OAU）によって採択された「人および人民の権利に関するアフリカ憲章」にも加入している。国際難民法に関しては，ウガンダは1951年難民条約，1967年難民議定書，および1969年 OAU 難民条約の締約国である。

　国内法では，1995年憲法において社会権規約および自由権規約を含む国際人

権規約の原則が明記されている。1995年憲法では権利の保持者は「すべての人々」または「ウガンダにいるすべての人々」と書かれており，難民に対しても基本的人権が付与されていると解されている。[11]しかし，2006年まで，1960年「難民取締り法（Control of Alien Refugee Act: CARA）」がウガンダにおける唯一の難民に関する国内法であった。CARA は難民を管理し，取り締まることに重点をおいて制定された法律であった。[12]ウガンダ政府高官によれば，1990年代以降，CARA は厳格に適用されることはなく，一連の国際難民法および国際人権規約が難民保護の法的根拠として適用されてきた。[13]だが，CARA には，移動の自由の制限，財産所有の禁止，難民とウガンダ人の接触の禁止といった条項が含まれており，国際的な規範を反映した国内法が制定されていないことは難民の法的権利を実効的に確保するための障害であると考えられ，CARA の改正が求められていた。

国内外の要請を受け，2006年難民法（The Refugee Act 2006）と2010年難民規則（The Refugees Regulations 2010）が制定された。これらには，難民認定手続きが明記され，[14]国際人権法，国際難民法に沿った様々な権利が規定されており，今日のウガンダにおける難民保護の法的根拠になっている。[15]ウガンダ人と同様に無償初等教育を平等に受ける権利，[16]女性の権利，[17]子どもの権利[18]なども定められている。特に注目されているのは，難民が経済活動を行う上で重要な労働の権利，[19]資産を取得する権利，[20]移動の自由，[21]旅行証明書の発行[22]などが認められていることである。ただし，難民居住地に居住する難民が居住地外へ出る場合，居住地指揮官から通行許可を得る必要がある。通行許可なく居住地外へ出て，戻った場合は，当局に配給カードが没収され，罰金を支払わなければならない。通行許可なく難民居住地を2週間以上離れた場合は難民登録が抹消される。難民はフォーマルまたはインフォーマル・セクターで働くことが認められており，居住地指揮官の許可があれば居住地内でビジネスを行うことができる。財産権に関しては，動産の所有権および処分権を認め，土地などの不動産の借用権とサブ・リースを認めている。なお，難民に難民居住地の土地所有権はなく，転売や譲渡をすることは禁止されている。同時に，難民法には難民の義務も明記されている。難民はウガンダの国内法に従わなければならず，現金収入を得

る仕事に従事している場合は税金を納入しなければならない。また公共の秩序や利益を脅かす行為は禁止され，難民が国政，地方レベルで政治活動に参加することは禁止されている。[23] なお難民は市民権を取得することはできない。

　他のアフリカ諸国に比べると，ウガンダは難民に対して寛大な政策を実施していることがわかる。例えば，ジブチ，エチオピア，ソマリア，南スーダンの難民法には財産権は言及されていない。ジブチ，エチオピア，ケニアの国内法では難民の就労権には制約が課せられている。同様に移動の自由に関しても，エチオピアやケニアでは難民は政府が指定した難民キャンプに住むことが義務づけられている。一般的にウガンダではノン・ルフールマン原則の違反等，難民に対する深刻な人権侵害はないと言われている。[24]

2　寛大な難民政策の背景

　従来開放的な難民政策を実施していたアフリカ諸国の多くは，難民政策を変更した。その背景には①難民数の増加，②冷戦終焉後の政治的自由化と「民主化」，③新自由主義経済と経済問題，④安全保障問題，⑤パン・アフリカニズム的連帯感の喪失などが関わっている。[25] ウガンダも上記の問題と無関係なわけではない。それにもかかわらず，ウガンダが寛大な難民政策を維持してきたのは，なぜなのであろうか。

　寛大な難民政策が行われてきた主な理由は，主に2つある。第1は，難民に対する同情や連帯意識である。1962年にイギリスから独立したウガンダでは度重なるクーデタと強権的な統治で政治的経済的混乱が続き，ムセヴェニ大統領や主要閣僚等を含むウガンダ人が多く隣国で難民となった。また近隣諸国から来た難民のほとんどが国境で隣接するウガンダに住む同系の民族であることや，古くから貧しくても難民を兄弟や姉妹として歓迎する，Ubuntu と呼ばれる伝統的な考えが広く共有されているという指摘もある。

　だが，ウガンダは人道主義や博愛の精神に基づく崇高な理念だけで難民を受け入れているわけではない。ウガンダが大量の難民を受け入れる第2の理由は，難民の受入は難民受入地域に様々な恩恵をもたらすと認知されてきたから

である。ウガンダの場合，物理的負担分担として行われる第三国定住による受入数はあまり多くなかった。2011年は402名で，2012年には1273名が第三国へ定住した。2012年以降，第三国定住の受入は徐々に増えてきたが，これまでで最も多くの難民が第三国定住により第三国へ移動した2016年で6299名であり，その数はウガンダに住む難民総人口数の0.9％を占めるにすぎない[26]。

しかし，経済的負担分担による難民開発援助は難民居住地やその周辺地域を活性化させ，様々な恩恵をもたらしてきた。その一例が難民居住地が多くあるウエスト・ナイル地域である。この地域は，1971年から79年までウガンダを支配したアミン大統領の出身地であり，1979年のアミン政権崩壊後，反政府勢力の活動が度々活発になり，国内の開発政策から取り残されていた[27]。ウガンダ全体の貧困率は56％（1992～1993年）であったのに対し，難民開発援助の対象地域では貧困率は78％に達していた。他の社会開発指標（非識字率，平均寿命，安全な水へのアクセス，5歳未満の低体重）も他の地域に比べて深刻であった[28]。

1999年にウエスト・ナイル地域では「自立戦略（Self-Reliance Strategy: SRS）」という難民開発援助が実施されることとなった。SRSの主な目的は，①難民と難民受入地域の住民が援助に依存することなく「自立」し，②教育，医療などの難民に対するサービスと地元民に対するサービスを統合させることである。そして，SRSのプログラムを通して当該地域に住む人々の生活水準を向上させることが最終的な目標とされた。SRSの対象地域となったのは南部スーダン難民が多く居住するモヨ県，アルア県，アジュマニ県であった。1999年から導入されたSRSの成果は地域によって異なるが，アルア県では一定の成果がみられた。武装組織による攻撃が1997年3月まで続いたため，2000年の時点では難民は世界食糧計画（WFP）からの配給に依存していた。しかし，NGOによる農器具，新品種の種子や肥料の支給，近代的な農業方法のトレーニングなどが行われた結果，この地域の農業の生産性は向上した[29]。2004年2月には，100％食糧援助に依存していたのは新規に到着した難民と社会的弱者のみであった[30]。保健・医療に関しては，UNHCRによるヘルスセンター建設によって，医療へのアクセスが向上した。例えば，5km圏内のヘルスセンターへのアクセスができる住民の割合は，難民居住地がないキティガム県では20％[31]，

ネビ県では18%であるのに対し、難民居住地があるアジュマニ県では100%となった。井戸の建設による安全な水の確保に関しては、2002年末の時点で、安全な水の供給比率は、アジュマニ県では、難民居住地とその周りの地域での供給比率が80%で、地元民のみが居住する地域の供給比率が51%であった。このように、難民居住地とその周辺地域が難民支援の恩恵を受けていることがわかる。

このような難民受入地域に対する支援は、難民と地元民の双方に利益をもたらし、難民と地元民の良好な関係を維持する役割も果たしている。先行研究では、当初、難民が歓迎されても、難民の滞在が長期化することによって地元民と難民の関係が悪化することが多々あると報告されている。しかし、ウエスト・ナイル地域では、ディンカを除き、難民と地元民の関係は良好である。多くの難民は地元民から様々な支援を受けたことを語り、感謝していた。

地域の政治家や地元民は難民の存在が地域の経済、教育、医療の向上に貢献しているとして、難民の受入に好意的であった。難民居住地内にある学校、職業訓練校、ヘルスセンターなどの施設を地元民が使用できること、難民が町のマーケットで買い物すること、難民居住地建設に伴う道路整備などが難民の受入に伴うポジティブな側面として認識されている。「難民とモーゼス・アリがいなければ、アジュマニ県の開発は可能でなかったであろう」とアジュマニ県知事が述べたように、難民の居住によって難民受入地域の社会開発が進んでいることが地元民や地域の代表者の間で認知されている。そのため、これまでのところ難民問題が地方や国政選挙時に重大な争点となることはなかった。土地や水などの資源をめぐり難民と地元民との間で対立が起きることもある。その際には、当事者同士で解決できない場合、地方評議会（Local Council）と難民福祉評議会（Refugee Welfare Council）のリーダーが仲裁に入り解決している。

また、他の調査でも難民および周辺地域に対する難民開発援助は受入地域の所得向上に貢献しているという報告が出されている。例えば、カリフォルニア大学デービス校の研究者と WFP がルワンワンジャ（Rwamwanja）難民居住地とアジュマニ難民居住地、およびその近隣地域で行った合同調査で、難民に対して提供した食糧援助または（食糧援助として配給される食糧の額に相当する）現

金供与が難民受入地域全体の所得向上に貢献する「地域経済波及効果」がある と報告している[41]。このような難民開発援助の成果を受けて，SRS に続き， 2004年からは，「難民および難民受入れ地域の住民に対する開発援助（Development Assistance for Refugees Hosting Areas: DAR)」が行われ，2016年からは「難 民と受入地域住民のエンパーワメント（Refugees and Host Population Empowerment: ReHoPE)」戦略が始まった。難民に対する支援はウガンダの国家開発計 画に組み込まれており，第二次国家開発計画（2015／16～2019／20）でも，難民 の自立と定住および難民受入地域の社会開発を進めるための「居住地改革計 画」が策定されている[42]。

3 難民の経済活動と経済的貢献

今日の難民支援の現場では難民の受入に伴う負担の増加から，難民の「自立 (self-reliance)」を実現するための支援の必要性が唱えられている。難民の「自 立」が具体的に何を意味するのかは様々な見解があるが，UNHCR のハンド ブックによると，自立とは，「継続的かつ尊厳をもって個人，世帯，コミュニ ティが（保護，食糧，水，住居，安全，健康，教育を含む）日常生活に不可欠なニー ズを確保する社会，経済的な能力」であると記されている。1999年以降，ウガ ンダで実施されてきた SRS，DAR，ReHoPE でも，プログラムの目的の1つ として難民の自立が掲げられている。これまで難民居住地の難民開発援助に関 与している NGO が難民の経済的自立を支援するための，職業訓練や少額の資 金援助などが行われている。本節では，難民の経済活動が難民の経済的自立や 地域経済へどのような影響をもたらしているかを検討していきたい。

ウガンダに設けられている難民居住地の環境は多様である。キリヤドンゴ (Kiryandongo) 難民居住地やチャングワリ（Kyangwali）難民居住地は土地が肥 沃で，降雨量も安定しており，農業に適している。ナキバレ（Nakivale）難民 居住地は乾燥地帯にあり，土地が肥沃でなく，水不足などの問題が頻繁に起き ている。ルワンワンジャ難民居住地は1964年に設立され，1995年に閉鎖された が，2012年4月に急増するコンゴ難民を受け入れるために再度オープンした。

ここには新規に移動してきた難民が多く住んでおり，他の難民居住地に比べると，インフラは未整備で，難民の経済活動は初期段階である。紙幅の制約上，ここでは5年以上ウガンダに住む長期滞留難民が多いナキバレ難民居住地とカンパラに住む難民の経済活動をみていきたい。

(1) ナキバレ難民居住地

　ナキバレ難民居住地は，ルワンダ難民を受け入れるために1959年にムバララ県（現イシンギロ県）に設立された[43]。敷地は約100km²の広さで3つのゾーンに分かれ，74の村がある。3つのゾーンのうち，ベース・キャンプと呼ばれるゾーンが居住地の中心地で，OPM，UNHCR，NGO等のオフィス，教会やモスク，難民が経営する様々な店や食堂などがある。2016年9月30日の時点でナキバレには11万822人の難民と8436人の庇護申請者が居住している。難民のなかで最も多いのがコンゴ難民で全体の約50％を占め，ブルンジ，ソマリア，ルワンダ，エリトリア，エチオピアから来た難民などが暮らしている[44]。なお，居住地内にはOPMから許可を得たウガンダ人がナキバレ湖周辺に住んでおり，主に漁業で生計を立てている。

　難民の経済活動，生計戦略は主に3つの方法に大別できる。第1は，農業による現金収入の獲得である。ナキバレでは，ソマリア難民以外の大半の難民は農業に従事し[45]，メイズ，豆，ソルガム，キャッサバ，イモなどを栽培し，販売している。居住地で自分に割り当てられた農地だけでなく，居住地内や居住地外で他の難民やウガンダ人から農地を借りたり，日雇い労働者として働く場合もある。2013年にオックスフォード大学難民研究センターのベッツらがナキバレ難民居住地で行った調査（以下，「2013年調査」）では，約35％のコンゴ難民，約47％のルワンダ難民が自らの農地を耕作し，約27％のコンゴ難民，約18％のルワンダ難民が他の人の農地を耕作して現金収入を得ていた[46]。2015年6月に世界銀行が4つの難民居住地とカンパラおよびアジュマニに住む350名の難民とウガンダ人150名を対象に行った調査（以下，「2015年調査」）では，ナキバレ難民居住地では男性の78.3％，女性の64.4％が農業に従事していた[47]。第2の現金獲得手段は難民居住地内で教育や医療に関する仕事や，NGOのスタッフや通

訳として働くことである。この場合，専門的知識や技術が必要であり，ウガンダ以外の国で得た修了書や資格が認定されず，雇用ポストも少ないため，仕事を得ることは難しい。

　第3は，難民自身がビジネスを行う方法である。「2015年調査」では，男性の27.9％，女性の31.9％は自営業によって生計を立てている[48]。難民が行うビジネスの大半は小規模であるが，多岐におよんでいる。居住地のベース・キャンプにはカンパラやムバララなどで買い付けた古着，日用雑貨，電気製品を販売する小売店や屋台，食堂やカフェ，洋裁，大工，自転車やラジオの修理，ヘアサロンなどのサービスを提供する店やバイク・タクシーが立ち並んでいる。近年では難民が運営する携帯電話ショップや携帯電話を利用した送金サービスも増えてきている。また，難民が営業しているナキバレ難民居住地とムバララ，カンパラ，および他の街を結ぶシャトル・バス・サービスなどは，居住地内外の移動に欠かせない公共交通機関に代わる代替的サービスを担っている。

　しかしながら，依然として難民が経済活動を阻む問題があることも否めない。ナキバレに住む農業に従事する難民が直面する主な問題としては以下の4つが挙げられよう。

　第1の問題は，耕作可能な土地へのアクセスである。ナキバレ難民居住地で配分される土地は狭く，肥沃ではない。近年，難民居住地に住む難民が増加したことから，分配される土地の面積は縮小した。また難民に土地の所有権はないため，多くの難民が地質の改良や新たな農業技術の導入に消極的で，農地の生産性が低下している[49]。第2の問題は，移動手段の確保である。ナキバレ難民居住地はこの地域の中心であるムバララから60km離れている。一部の区間を除き，ムバララまでの道路は整備されているが，多くの難民がビジネスを行うためにムバララやその他の街へ定期的に移動するための交通費を捻出することは難しい。農産物を販売したり，商品を入手することが容易でないことから，難民居住地に買い付けにくる「仲買人」へ市場価格よりも安く農産物を売ったり，割高な商品を買わざるをえない。第3はマーケットの規模である。ナキバレ難民居住地の敷地は広大であるため，難民居住地の中心から離れた地域に住んでいる難民たちが居住地内の店へ頻繁に通うことは難しい。また難民の多く

は経済的に困窮しており，購買力が低い。第4は，ビジネスを行うための資金の調達である。難民は融資を受けることができず，ナキバレではマイクロ・クレジットなどの支援プログラムが実施されていないので，難民の知識や技術をビジネスに生かす機会が限定されている[50]。

(2) カンパラ

2016年9月末の時点でカンパラには，8万4875人の「都市難民」と呼ばれる難民と庇護申請者がいる。最も多いのはコンゴ難民で，その他にソマリア，エリトリア，南スーダン，ブルンジ，ルワンダ，スーダン，エチオピアなどから来た難民が住んでいる[51]。多くの都市難民はUNHCRやNGOの支援対象から除外されているため，自らの才能，能力，社会的ネットワークを駆使し，現金収入を獲得しようとしているが，多くの都市難民は厳しい現実に直面している。

カンパラでは，ウガンダ人であれ，難民であれ，フォーマル・セクターで職を得ることは難しい。さらに難民は言語，資格や修了書の問題，差別などのハンディを負っている場合が多い[52]。そのため多くの難民はインフォーマル・セクターで働いている。難民が従事する経済活動は多様であるが，主に建設現場などで日雇い労働に従事するか，小規模なビジネスに関わっている場合が多い。主な仕事は，加工食品，野菜，果物，雑貨，中古衣料，アクセサリー，電気製品，携帯のプリペイド・カードの販売などの小売業や，自転車修理，靴修理，電気製品修理，大工・木工，バイク・タクシー，美容師等のサービス業である。女性はメイドやベビーシッターなどの家庭内労働者となる場合も多い。

一般的に難民が新たな土地で暮らすには社会的なネットワークが重要であると言われている。多くの難民がカンパラでサバイバルするために重要な社会的ネットワークは，①海外（特に先進国）に住む家族や親戚との関係，②同じ地域から来た難民との社会的ネットワークである。①は家族や親族からの海外送金という形でみられ，難民がサバイバルする上でも，ビジネスを行う上でも必要である。②に関しては，カンパラで仕事や住居をみつける上で重要である。ソマリア難民はキセニ（Kisenyi），コンゴ難民はンサンビア（Nsambya）やカトウェ（Katwe）というように，出身地が同じ難民は特定の地域に集中して住む

傾向がみられ，様々な相互扶助組織が設立されている[53]。特にソマリア難民の結束は強い。1987年に設立されたソマリ・コミュニティ協会（Somali Community Association）は公式にウガンダ政府に登録された団体で，1万3000人が加入しており，ビジネスに関する助言を行うとともに，就職を支援している。多くのソマリア難民は，個人的またはクランのつながりで仕事をみつける場合が非常に多い[54]。例えば，City Oil はソマリ系ウガンダ人が経営し，成功している石油会社の1つである[55]。カンパラには20の支店があるが，ある1店舗では，約60名のソマリア難民が，店員，店主，セキュリティ・ガード，事務員として働いている。またスーパー，レストラン，海外送金・両替サービスなど比較的大規模なビジネスを行っているソマリア難民の多くも国内外のソマリ人とのネットワークを生かして，ビジネスを拡大している。他の難民の場合でも出身国や出身民族のネットワークが難民の行うビジネスに反映している。例えば，コンゴ難民の女性は bitenge と呼ばれる鮮やかな布とアクセサリーの販売に関与している場合が多い[56]。エチオピア難民の大半はレストラン，理髪店，ホテル，清掃などの仕事で生計を立てているが，両替ビジネスはオロモ人（エチオピアの民族の1つ）が独占している[57]。

　このように難民は多様な経済活動に従事しているが，様々な制約に直面していることも留意しておきたい。第1の問題は，法的権利である。2006年難民法で難民の労働権は認められている。しかし，その解釈はウガンダ政府内でも意見が分かれている。2006年難民法では，難民は同様の状況にある外国人と同じように就労することができると記載されているため，移民局は，外国人がウガンダで働くには労働許可が必要なように，難民も労働許可が必要であると主張している。他方，OPM は難民として認定されたならば，許可を得ることなく就労が可能であるという見解を示している。このような法的解釈の違いは，難民の雇用に関するガイドラインの制定や経営者が難民を雇用する上での問題となっている[58]。

　第2は，ビジネスを行う上でのライセンスの取得である。カンパラの商業活動を統括するカンパラ首都市組合（Kampala Capital City Association: KCCA）は，カンパラでビジネスを行う場合，KCCA からライセンスを購入するよう求め

ている。だが，マーケットの場所などで値段の違いはあるが，ライセンスの値段は約10万8000シリングから28万シリング（約54〜140ドル）と高く，難民がライセンスを購入することは難しい。そのため，多くの難民は自らのビジネスを登録せず，KCCA の監視パトロールを避けながら，インフォーマルに路上やマーケットで商品を売ったり，露店で営業したりしている。

　第3の問題は銀行口座の開設と資金の調達である。ウガンダで銀行口座を開設するには，フォーマルセクターで雇用されている難民は雇用主からの雇用証明と難民 ID カード（登録カード）のコピーを提出しなければいけない。自営業の難民は，同じ銀行ですでに口座を持っている保証人から推薦状をもらい，提出する必要がある。銀行口座を開設することができても，難民は銀行から融資を受けることはできず，NGO などによるマイクロ・ファイナンス・プログラムから初期費用を調達することができる難民は少ない。多くの難民は海外の親類や家族，友人などから資金を調達している。

　いうまでもなく個々の難民の能力や技術，社会的・経済的バックグラウンドは異なり，すべての難民が経済的に自立できたり，ビジネスで成功できるわけではない。また経済活動を行う上で，難民であるがゆえに直面する制約もある。だが，難民の経済活動はウガンダ経済の活性化に少なからず貢献していることは明らかである。難民のビジネスにとって最も重要な取引相手はウガンダ人であり，難民の経済活動はウガンダ経済に組み込まれている。例えば，多くのコンゴ難民が関わっている bitenge とアクセサリーのビジネスはウガンダ人の仲買人たちと相互互恵関係にあり，ウガンダ人の商人たちはコンゴ難民の経済的貢献を高く評価している。また難民のビジネスはウガンダ人の雇用を生み出しており，「2013年調査」では難民の経営者が雇用するスタッフのうち41％がウガンダ人であることが報告されている。

おわりに

　2017年12月現在，南スーダンやコンゴなどの近隣諸国から移動してきた庇護希望者，庇護申請者，難民が非常に多くウガンダに居住している。ウガンダは

第2部　事例研究

低所得国に位置づけられ，2015年の人間開発指標（HDI）では188ヶ国中163位で，多くのウガンダ人の生活は厳しい。しかし，世界各国が難民に門戸を閉ざすなか，絶えず流入する難民をウガンダは受け入れてきた。むろんウガンダの難民政策は完璧ではない。だが，難民の諸権利を認め，難民を保護してきたウガンダ政府の姿勢は賞賛に値するであろう。

　ウガンダが寛大に難民を受け入れてきた背景には，難民に対する同情や連帯意識などに基づく人道的な理由とともに，難民がもたらす経済的な「恩恵」が挙げられよう。難民および難民受入地域に対する難民開発援助，難民による経済活動は難民受入地域に恩恵をもたらしてきた。だが，難民の経済活動は様々な制約に直面している。また難民の経済的自立を強調することは，難民を支援する国家や国際社会の責任を回避する口実だとする懐疑的意見もある。だが，難民を寛大に受け入れ，基本的権利を保障し，難民の経済活動を認めてきたウガンダの難民政策から学ぶべき点は多々ある。

　第1は，難民の諸権利を認め，法的な保護を付与し，適切な機会と支援を与えることの必要性である。難民は人道支援に依存する存在でなく，様々な能力や潜在的な能力を持ち，経済的に自立し，受入国の社会へも貢献しうる存在である。難民を排除するのではなく，社会の一員として受け入れ，その能力を活かせる機会を設けることは，難民にとっても，受入国にとっても恩恵をもたらす。第2に難民が経済活動を行い，経済的に自立するためには，難民であるがゆえに直面する様々な制約（ビジネス・ライセンス，銀行口座の開設や小口融資等）を改善する政策が必要である。第3に，難民保護，難民開発援助を地域開発と結びつけて実施する強い政治的意思の重要性である。ケニアのように，政府が難民の受入を否定的に捉え，難民支援を活かそうとする姿勢がみられない場合は，持続的な国際社会の支援が寛大な難民政策に結びつくとは言い難い[64]。しかし，ウガンダのように，国際社会の負担分担と難民受入国の難民政策を連動させる場合，難民にとっても，難民受入地域にとっても難民の受入は利益をもたらす。

　同時に，ウガンダの寛大な難民の受入には「限界」があることも留意すべきかもしれない。大量の庇護希望者が南スーダンやコンゴから移動してきたウガ

ンダでは2017年11月1日の時点で140万218人の難民と庇護希望者を受け入れている状況であり，2016年末の時点で最も多くの難民を受け入れている国となっていた[65]。これまでウガンダが近隣諸国から受け入れてきたのは，難民の存在が「政治問題化」や「安全保障化」せず，国際社会からの援助が経済的な負担分担として供与されてきたからである[66]。その点に関しては，ムセヴェニ大統領やウガンダ政府高官らが度々言及している[67]。今後もウガンダが近隣諸国の難民の保護と寛大な難民政策を継続するか否かの一端は，UNHCRや主要なドナー諸国，NGO等からの支援にかかっているともいえよう。他国の調査からも，難民の受入が受入地域と政府にとって政治的・経済的に恩恵をもたらし，国際社会の支援が持続的であるならば，開放的な難民政策が実施される可能性が高く，逆に，ネガティブな体験をした場合，抑圧的な難民政策がとられる可能性が高いことが明らかになっている[68]。

　ウガンダの難民政策は，アフリカ諸国だけでなく，日本や世界の国々にとっても，示唆に富む事例である。難民を排除するのではなく，社会の一員として受け入れ，その能力を活かすための支援と機会を与えることは，受入国の負担を軽減するだけでなく，新たな機会や可能性を導く恩恵となりうる。ただし，それを実現するには難民受入国，難民，難民受入地域，そして国際社会の連携と持続的なコミットメントが不可欠である。

注
1) UNHCR, *The State of the World's Refugees 2006: Human Displacement in the New Millennium*, Oxford University Press, 2006, p. 109.
2) US Department of State, "Protracted Refugee Situations", https://www.state.gov/j/prm/policyissues/issues/protracted/
3) Norwegian Refugee Council, 'Uganda: More Refugees Flee to Uganda than Across Mediterranean', 25 Jan 2017, https://www.nrc.no/more-refugees-flee-to-uganda-than-across-mediterranean
4) UNHCR, Uganda, Refugees and Asylum Seekers as of 1 November 2017, https://reliefweb.int/sites/reliefweb.int/files/resources/Refugees%20and%20asylum-seekers%20-%20Uganda%20as%20of%2001%20November%202017.pdf (accessed 29 November 2017).
5) ルワンダ難民の問題に関しては，以下参照。杉木明子「アフリカにおける難民保護と国際難民レジーム」川端正久・落合雄彦編著『アフリカと世界』晃洋書房，2012年，

第 2 部　事 例 研 究

373～374頁。
6) BBC, Uganda: 'One of the Best Places to be a Refugee', 13 May 2016, http://www.bbc.com/news/36286472 (accessed 3 March 2017).
7) The Economist , "Why Uganda is a Model for Dealing with Refugees", 26 October 2017, http://www.economist.com/blogs/economist-explains/2016/10/economist-explains-24 (accessed 3 March 2017).
8) UNHCR, Uganda, Refugees and Asylum Seekers as of 1 November 2017, https://reliefweb.int/sites/reliefweb.int/files/resources/Refugees%20and%20asylum-seekers%20-%20Uganda%20as%20of%2001%20November%202017.pdf (accessed 29 November 2017).
9) Statement of the Minister for Disaster, Preparedness, Relief, and Refugees, Hon. Eng. Hillary Onek, at the High Level Meeting on Addressing Large Movement and Refugees and Migrants, UN General Assembly, New York, 16 Sep 2016, http://www.un.org/en/development/desa/population/migration/events/ga/documents/2016/ecosoc/Uganda.pdf (accessed 24 November 2017).
10) Chirstper G. Orach and Vincent De Brouwere, "Integrating Refugee and Host Health Services in West Nile Districts, Uganda", *Health Policy and Planning*, Vol. 21, No. 1, 2005, pp. 55-56.
11) Guglielmo Verdirame and Barbara Harrell-Bound, *Rights in Exile: Janus-Faced Humanitarianism*, Berghahn Books, 2005, p. 28.
12) The Republic of Uganda, The Control of Alien Refugee Act, Cap. 64, 1960.
13) Interview with Mr. Mike R. Wafula, Principal Officer & National Co-ordinator Development Assistance for Refugee-Hosting Areas in Uganda (DAR), 21 August 2006 and 26 February 2007.
14) The Republic of Uganda, Refugee Act 2006, section 4-6, 19-27.
15) *Ibid.*, section 28.
16) *Ibid.*, section 29 (e) (iii).
17) *Ibid.*, section 33.
18) *Ibid.*, section 32.
19) *Ibid.*, section 29 (e) (iv)~(vi).
20) *Ibid.*, section 29 (e) (i)(ii).
21) *Ibid.*, section 30.
22) *Ibid.*, section 31.
23) *Ibid.*, section 35.
24) Interview with Mr. Bayisa Wak-Woya, Assistant Representative (Protection), UNHCR Representation in Uganda, 15 February, 2007.
25) Jeff Crisps, "A New Asylum Paradigm: Globalization, Migration and the Uncertain Future of the International Refugee Regime," New Issues in Refugee Research, Working Paper No. 100, 2003; Bonaventure Rutinwa, "The End of Asylum? The Changing Nature of Refugee Policies in Africa," New Issue in Refugee Research, Working Paper No. 5,

1999.
26) Refugees and Asylum Seekers in Uganda, Statistical Summary as of 31 October 2017, UNHCR, Uganda Refugees Response Portal, https://ugandarefugees.org/category/policy-and-management/refugee-statistics/?r=48
27) アミン政権時代（1971～1979年），政府軍（Uganda Army: UA）の主要なポストはウエスト・ナイル地域出身者が独占し，アミン政権崩壊後，ウエスト・ナイル地域へ逃れた政府軍の一部の元メンバーは1980年にオボテ大統領率いるウガンダ国民解放軍（Uganda National Liberation Army）のウエスト・ナイル地域にある基地に対する攻撃を開始した。その後，元 UA は元ウガンダ国民軍（Former Uganda National Army）とウガンダ国民救済戦線（Uganda National Rescue Front: UNRF）に分かれ，オボテ政権に対する抵抗を続けた。1985年にオケロがクーデタにより政権を掌握し，ウエスト・ナイル地域の武装勢力に和平と政府に参加するよう呼びかけたため，戦闘は一旦収まった。しかし，1986年にムセヴェニ率いる NRM が政権をとり，1980年代後半に主要な UNRF のオフィサーが逮捕されると，ムセヴェニ政権に対する不信感が高まり，ウエスト・ナイル・バンク・フロント（West Nile Bank Front），第 2 次ウガンダ国民救済戦線（Uganda National Rescue Front II: UNRFII）が結成され，政府に対する攻撃を開始した。最終的に2002年に政府と UNRFII の間で和平協定が締結され，紛争は終結した。
28) UNDP, *Uganda Human Development Report 2005*, 2005, pp. 24-25.
29) Y. Wawa, *Refugee Aid and Development: A Case Study of Sudanese Refugees in West Nile, Uganda*, Fountain Publishers, 2008, pp. 72-73.
30) Government of Uganda and UNHCR, *Self-Reliance Strategy (1999-2003) for Refugee Hosting Areas in Moyo, Arua and Adjumani Districts*, Uganda, Reintegration and Local Settlement Section (RLSS) Mission, 2004, p. 13.
31) Office of the Prime Minister, "Northern Uganda Reconstruction Programme, Gulu and Kitgum Districts", 1999, p. 91
32) Office of the Prime Minister, "Northern Uganda Reconstruction Programme: Adjumani, Arua, Moyo, and Nebbi Districts", 1999, p. 169.
33) Aktion Afrika Hilfe, "Health and Sanitation Services for Sudanese Refugees in Adjumani District, Northern Uganda", 1997, p. 3.
34) Government of Uganda and UNHCR, *op. cit.*, p. 89.
35) 例えば，タンザニアは寛容な難民政策を行っていたが，1990年代以降，難民の権利を制限する政策を行い，難民と難民受入地域の住民の関係も悪化していった。
36) 杉木明子「サハラ以南アフリカの難民と定住化―ウガンダの事例から」小倉充夫・駒井洋編著『ブラック・ディアスポラ』明石書店，2011年，131～157頁。
37) モーゼス・アリ（Moses Ali）はウエスト・ナイル出身で，反政府武装勢力であるウガンダ国民救済戦線（UNRF）の元幹部で，2001年から2006年まで救済・災害準備・難民省の大臣を務めた。
38) Wawa, *op. cit.*, p. 61.
39) Lucy Hovil and Eric Werker, "Refugees in Arua District: A Human Security Analysis,"

Refugee Law Project Working Paper No. 3, 2001, p. 14.
40) Refugee Law Project, ""We Are All Stranded Here Together": The Local Settlement System, Freedom of Movement, and Livelihood Opportunities in Arua and Moyo Districts," Refugee Law Project Working Paper No. 14, 2005, pp. 23-25.
41) J. Edward Taylor, and etc., Economic Impact of Refugee Settlement in Uganda, 21 November 2016, http://documents.wfp.org/stellent/groups/public/documents/communications/wfp288256.pdf (accessed 14 December 2017).
42) The Republic of Uganda, *Second National Development Plan (NDPII), 2015/2016-2019/2020*, 2015, pp. 224-225.
43) ウガンダでは頻繁に県が新設されており，1990年代初めの県数は33であったが，2002年には56，2010年には112（111県とカンパラ特別市）に増加した。地方自治体の行政地域の変更に伴い，各県に該当する地域が若干異なる。例えば，ナキバレ難民居住地の所在地の名称はムバララ県の分割に伴い，ムバララ県からイシンギロ県に変更されている。
44) UNHCR, Refugees and Asylum Seekers in Uganda, Statistical Summary as of 30 September, http://reliefweb.int/sites/reliefweb.int/files/resources/Ugandastatisticspackage-September2016.pdf
45) ただし，バンツー系のソマリア難民は農業に従事している。
46) Alexander Betts, and etc., *Refugee Economies: Forced Displacement and Development*, Oxford University Press, 2017, pp. 117-118.
47) The World Bank Group, "An Assessment of Uganda's Progressive Approach to Refugee Management", May 2016, p. 62.
48) *Ibid.*, p. 61.
49) Alexander Betts, and etc., *op.cit.*, pp. 130-132.
50) *Ibid.*, p. 115.
51) UNHCR, Refugees and Asylum Seekers in Uganda, Statistical Summary as of 30 September, http://reliefweb.int/sites/reliefweb.int/files/resources/Ugandastatisticspackage-September2016.pdf
52) カンパラで主に使用されている言語は英語とガンダ語である。
53) ただし，ルワンダ難民は除く。
54) Betts and etc., *op.cit.*, pp. 92-96.
55) Devapriyo Das, "Devastated at Home: Somali Businesses Thrive in Uganda", The Observer, September 09, 2009, cited in Hirran Online, http://www.hiiraan.com/news2/2009/sept/devastated_at_home_somali_businesses_thrive_in_uganda.aspx (accessed 23 March 2017).
56) Betts and etc., *op.cit.*, pp. 95-97.
57) *Ibid.*, pp. 100-103.
58) *Ibid.*, p. 89.
59) *Ibid.*
60) *Ibid.*

61) *Ibid.*, pp. 95-97.
62) *Ibid.*, p. 91.
63) UNDP, Human Development Report 2015: Work for Human Development, 2015, pp. 208-211.
64) 以下参照。杉木「アフリカにおける難民保護と国際難民レジーム」。
65) "Yes, Uganda Hosts more Refugees than any other African Country", Africa Check, 27 June 2017, https://africacheck.org/spot-check/yes-uganda-hosts-refugees-african-country/ (accessed 8 August 2017).
66) Alexander Betts, "Can Uganda's Progressive Refugee Policies Survive the Influx of People Fleeing South Sudan?", The Conversation, April 12, 2017, https://theconversation.com/can-ugandas-progressive-refugee-policies-survive-the-influx-of-people-fleeing-south-sudan-75882 (accessed 17 May 2017).
67) For example, see, "Museveni, UN Chief Address Kampala's Solidarity Summit on Refugees", Daily Monitor, 23 June 2017, http://www.monitor.co.ug/News/National/Solidarity-summit-on-Refugees/688334-3983750-n9wownz/index.html (accessed 20 December 2017).
68) Karen Jacobsen, "Factors Influencing the Policy Responses of Host Governments to Mass Refugee Influxes," *International Migration Review*, Vol. 30, No. 3, 1996, pp. 660-661, 669.

第5章　財政的負担分担としての難民開発援助とドナーの動向

デンマークの事例から

はじめに

　これまでの試みから、国際的難民保護の負担分担を制度化するには、ドナー諸国の政治的意思と強いコミットメントが不可欠なことが明らかになっている。しかし、2017年1月に誕生したアメリカのトランプ政権のように、難民の受入を制限し、自国の利益を優先させる政策を掲げる国が増えてきており、難民保護に伴う負担を国際的に分担するための制度を形成する素地が整っているとは言い難い。このような現実において、国際的な負担分担を推進するのは不可能なのであろうか。

　この問題を考える上で、注目したいのが2000年代前半のデンマークの動向である。デンマークでは従来の比較的寛大な難民政策を転換し、移民や難民の受入制限を主張する左翼党が2001年の総選挙で政権与党となったにもかかわらず、フォー・ラスムセン政権は、2000年代前半にUNHCRが主導した「コンベンション・プラス・イニシアティブ（Convention Plus Initiative）」（以下、CPI）の一環として実施された難民開発援助に積極的に関わった。CPIは、UNHCR高等弁務官であったルベルスが提案したコンベンション・プラス（CP）という概念をもとに考案された、難民を対象とする開発志向の援助（TDA）である。2003年UNHCR執行委員会で、①難民に対する開発援助（Development Assistance for Refugees: DAR）、②難民を庇護国社会へ統合するための開発援助（Development through Local Integration: DLI）、③帰還、再統合、復興、再建（Repatriation, Reintegration, Rehabilitation, and Reconstruction:4Rs）の3つの方策として打ち出された。2003年からデンマークは日本と共にTDAのファシリテー

ターとなった。CPI が提案された当初，UNHCR の主要なドナーである EU 諸国は，庇護希望者が EU 域内へ移動することを防ぐために，EU 域外から移動する庇護希望者を出身地域で保護する「出身地域保護（the protection in regions of origin）」を掲げ，CPI に対して好意的な反応を示した。だが，実際には多くの EU 諸国が TDA を支援することを躊躇した。

ルベルス高等弁務官の辞任に伴い，CPI は2005年に終了した。しかし現在でも多くの長期滞留難民が途上国に住み，多くの難民受入国が支援を求める状況は続いている。2014年からは過去の開発志向の難民支援や CPI に基づき考案された「ソリューション・アライアンス（Solutions Alliance）」が開始されている。難民保護のために「負担分担」は重要であり，その実現にはドナーから支援が不可欠である。本章では，デンマークの事例から経済的負担分担に国家が関与するための要件を検討する。以下，なぜ多くの EU 諸国が TDA へ資金を供与することに消極的であったのに対し，総選挙終了前まで難民の受入に慎重な姿勢を示したフォー・ラスムセン政権が難民開発援助に積極的に関わったのかを分析していきたい。

1　ヨーロッパにおける「出身地域保護論」と EU 諸国

冷戦終焉以降，EU 諸国は庇護申請者・難民の急激な増加と難民・移民問題の「政治化」に伴い，国境管理の強化，ビザの要求，海港または空港における「国際ゾーン」の設置，「安全な第三国」または「安全な出身国」から入国した者の認定を行わないなど，厳格な政策を実施してきた[1]。同時に，EU 域外からの庇護希望者の流入をより効率的に規制するため，「出身地域保護」が議論されるようになった。2003年，英国のトニー・ブレア首相は EU 域外に保護ゾーン（RPZs）を設け，トランジット申請審査センター（TPCs）で庇護希望者の審査を行う方策を提案した[2]。英国の提案は，NGO やスウェーデンの批判によって撤回された。しかし，「出身地域保護」というアイディアは，デンマーク，オランダ，イタリア，スペインに支持され，2003年6月にテッサロニキで開催された欧州理事会は欧州委員会（EC）に「出身地域」の保護能力を高める方策

と手段を検討することを要請した。2004年6月の欧州委員会で，EU域内・域外における難民問題に関するガバナンスが議論され，難民・移民分野でのEU域外の第三国との協力を推進するためにB7-667/AENEASに対する予算を通じて，効率的な保護を提供する国へ支援を行うことが提案された。支援分野は法律の整備と難民受入能力の向上で，特に自立と庇護国社会への統合のための支援が重視された。委員会は「安全の向上と自立手段へのアクセスが第二次移動を防ぐために適切であり，恒久的解決の重要な準備となる」と位置づけ，「このアプローチの主要な目的は，庇護希望者の移動を管理することである」と述べた。[3]

しかし，このような「出身地域保護」に関する議論がEU域外の難民受入国への支援やUNHCRのCPIに対する支援と結びつくことはほとんどなかった。例えば，デンマークとともにEUおよびUNHCRで「域外地域での難民保護」を提唱してきたオランダは自国の開発援助政策や，UNHCRのTDAに関連したプロジェクトを通じて難民受入国へ「追加援助」を提供することに消極的であった。[4] 英国はソマリア難民に関連するRPZをタンザニアと南アに設置しようと試みたが，両国政府から拒否され，失敗に終わった。[5] UNHCR自体もTDAに関するプロジェクトを包括的に支援することはなかった。UNHCRは保護能力向上プロジェクトのためにECのB7-667/AENEAS予算から資金援助を受けたものの，DAR/DLI型プロジェクトに対して十分な支援を提供できなかった。[6]

EU諸国の「出身地域保護論」が途上国の難民開発援助に結びつかなかった主な理由は3つある。第1は，EU諸国では，1990年代以降，ODA予算が削減され，EU域外の難民受入国や受入地域へ「追加援助」するための財政的余裕がなかったことである。第2に，難民問題を管轄する機関と開発援助を担当してきた担当機関の連携問題である。一般的にドナーは，難民支援は緊急または人道援助の一環とみなし，人道援助と開発援助はその目的や援助のアプローチに違いがあることから，担当する省庁間が連携して難民開発援助を行うことは容易なことではなかった。[7] 例えば，英国では，難民問題に関心を持つ内務省，外務省と，開発問題に関与する国際開発庁（DFID）との省庁間を横断する議

論が進展しなかった。スウェーデンでは，外務省は UNHCR が提唱する TDA に関心を持っていたが，スウェーデン国際開発協力庁（SIDA）は自らのマンデートである貧困削減に関する開発援助と TDA をリンクさせることに懐疑的であり，積極的に関与しなかった。また難民支援を行う UNHCR と開発援助に関与する UNDP，世界銀行との協力も，4Rs に関するプログラムでは連携することが可能であったが，DAR・DLI 型のプログラムでは，開発援助と難民開発援助を結ぶ協力関係の構築する上で様々な制約に直面した。[8]第3に，EU 域内を活動拠点とする人権・難民支援系 NGO は「出身地域保護」を「難民を出身地域に封じ込めさせる政策」であると非難し，開発系 NGO は開発援助と移民・難民問題をリンクさせたコンディショナリティをつけることに反対した。EU 域内の市民社会において，EU 域外での難民保護と開発援助をリンクさせた支援や UNHCR の TDA を積極的に支持する世論は形成されなかった。

このように，多くの EU 諸国では「出身地域保護論」は，財政問題，実施機関の連携，難民開発援助の実施を支持する世論の欠如という点から，途上国での難民開発援助へ結びつかなかったといえる。では，なぜ，デンマークは，帰還民と途上国の第一次庇護国に居住する難民を対象とする開発援助プログラムである「出身地域イニシアティブ（Region of Origin Initiative: ROI）」を実施してきたのであろうか。その背景を，難民問題の「政治化」，援助政策の改革，援助実施体制および難民開発援助に対する「市民社会組織」の役割から検討していきたい。

2　デンマークにおける難民問題と「出身地域イニシアティブ」

（1）　難民問題の「政治化」

デンマークは，（ⅰ）1951年難民条約に基づき個々の庇護申請者を審査し，難民として認定（または不認定と）するか，（ⅱ）UNHCRの第三国定住プログラムによる難民の受入を行い，人道的見地から比較的寛大に難民を受け入れてきた。

だが，1980年代以降，デンマーク政治において難民・移民の受入が政治の争点として浮上するようになった。急増する外国人，高い失業率などから EU 域外から来た外国人に対する不満は高まり，厳しい移民・難民政策を提唱する進歩党やデンマーク国民党は支持基盤を拡大していった。2001年総選挙では，外国人対策の強化と福祉政策の効率化を掲げる左翼党が第1党となり，保守国民党との右派連立政権が発足し，首相には左翼党のフォー・ラスムセンが就任した。また，「新右翼政党」と言われているデンマーク国民党が第3党となり，ラスムセン内閣に閣外協力を行うことになった。デンマークの選挙制度は比例代表制で，1973年以降小党分立状態が続いているため，政府与党が過半数を占めることは稀である。フォー・ラスムセン政権の場合も，政府与党（左翼党・保守国民党）では国会の議席数の過半数を占めることはできず，政策的に与党に近いデンマーク国民党の議席数を加えると，その合計が過半数を超える状況であった。そのためデンマーク国民党は政策形成に一定の影響力を与えることができた。[9]

　2001年の総選挙後，新政権は難民政策の見直しを行った。2001年11月に「難民・移民・統合省」が新たに設置され，2002年5月に「外国人法，婚姻法等の修正に関する法案」が採択された。従来，デンマークは個別の庇護申請に関しては，1951年難民条約上の難民と条約難民に類似する「事実上の難民」を受け入れてきた。しかし，外国人法改正によって「事実上の難民」のカテゴリーは廃止され，1951年難民条約の規定に沿った保護の権利を有する庇護申請者のみに滞在を許可することになった。また難民の家族呼び寄せに関する規定も条件が厳しくなった。その結果，2002年以降，デンマークでの庇護申請者とその滞在許可者の数は減少し，家族呼び寄せ許可数も減少した。[10]

（2） フォー・ラスムセン政権下の開発援助政策

　フォー・ラスムセン連立政権の誕生は，デンマークの援助政策にも大きな影響をもたらした。2000年代前半までのデンマークの対外援助政策は4期に区分できる。第1期（1949～70年）は1949年から開発援助が始まり，次第に援助政策が本格的に実施された時代である。第2期（1971～90年）になると，援助政

策全般が拡大し，第3期（1990～2001年）には，ODAの規模がさらに増大するとともに，援助の目的が多様化し，援助政策が転換していった。第3期（2001年）まで，デンマークの対外援助は，貧困削減が第1目標に掲げられ，国民の支持の下で援助の規模が拡大し，ODAが1人あたりの国民総所得（GNI）に占める割合は世界第1位となり，援助の「質」に関しても高い評価を得てきた。[11]

2001年の総選挙後，フォー・ラスムセン内閣は，援助改革に着手した。ODAの予算を削減するという選挙公約に従い，2002年度のODA予算を前年度に比べ約10％削減し，「環境・平和・安定プロジェクト」の予算を50％削減した。さらに二国間援助対象国の削減や，成果があがらないプログラムの中止を表明し，援助に関連したいくつかの諮問委員会や外務省内の開発大臣のポストを廃止した。[12]

一般的に，援助供与国が開発援助を行う目的は，(a)人道的目的（あるいは純粋な「開発」目的），(b)政治，外交，戦略的目的，(c)経済的目的に大別されている。実際に援助が行われる場合，これらの目的は個別に切り離されて実施されるよりも，複数の目的を実現するために実施されることが多い。デンマークの場合，「貧困削減」がデンマークの開発援助の最重要目標とされ，援助が実施されてきたが，歴代の政権は，援助政策を全般的な政治・外交・戦略的な目的や経済的目的を追求するために活用してきた。例えば，1990年代には，ミックス・クレジット・プログラム[13]やプライベート・セクター開発プログラムを実施し，デンマークの民間企業が開発援助に関与するプログラムを実施してきた。また，紛争管理の手段として開発援助が提供されるプログラムもある。

このような方針をフォー・ラスムセン政権も引き継ぎ，貧困削減は援助の最重要課題とされ，人権，民主化，良い統治，安全保障，環境問題，社会経済開発が開発援助の重点分野として定められた。さらに連立内閣および閣外協力を行っているデンマーク国民党の内政上の優先事項である「テロとの戦い」や難民問題に対する支援が援助の重点分野に加わった。2003年に政府は援助と難民問題をリンクさせた「出身地域イニシアティブ（Region of Origin Initiative: ROI）」と関連するプロジェクトを実施することを発表した。ROIは，帰還民と途上国の第一次庇護国に居住する難民を対象とし，これらの人々が出身国や庇護国

で自立した生活を送るために支援する開発援助プログラムである[14]。

(3) ROIと援助実施体制

上記のように ROI は政権与党と閣外協力をしているデンマーク国民党が重視している難民・移民問題と密接に結びついているが,同様に難民・移民問題に直面している EU 諸国のなかで,デンマークが難民開発援助にコミットしてきたのはなぜなのであろうか。その理由として,他国と異なる,デンマーク固有の特徴が指摘されている。第1は,開発援助を担当する外務省の南総局 (south group) スタッフが ROI プログラムを作成し,提案したことである。援助実施体制はドナー諸国によって異なるが,デンマークの場合,外務省統合型の実施体制がとられている。開発途上国を担当する南総局が開発援助に関わる業務を行っており,従来援助を実施してきたデンマーク国際開発協力庁 (DANIDA) は,南総局に統合された。ただし,DANIDA はデンマークの開発援助システムを指すものとして使用されている。二国間援助に関しては,南総局と2国間援助対象国であるプログラム国の在外公館が援助政策を策定し,実施している。ROI の基本的な考えはすでに,前政権(社会民主党党首,ポウル・ニュルスプ・ラスムセンを首班とする中道左派連立政権)時代から外務省内で検討されていた[15]。また,デンマーク政府は二国間援助や,UNHCR などを通して難民受入国を支援しており,ROI は従来の開発援助プログラムと異なる新しい援助プログラムではない。むしろ,開発援助と難民問題のリンクがより鮮明に打ち出された ROI を援助担当者らが提案したのは,開発援助の削減を明言しているフォー・ラスムセン内閣の政治的圧力を避けるためであったと言われている[16]。第2に,ROI 関連プログラムが,2国間援助の一環として実施されたことである。ROI の実施に関しては3つの基準が設けられた。それらは,①DANIDA のプレゼンスがあること,②相当数の難民がいること,③被援助国政府から支援が得られることである。その結果,ROI 対象国は,スリランカ,ソマリアなどの難民送出国と,ケニア,タンザニア,ザンビア,ウガンダのような難民受入国で,すでにデンマークが何らかの形で援助に関与してきた国が選ばれている[17]。

先述のように,財政と援助実施体制の問題から,多くの EU 諸国は EU 域外諸国の難民保護を支援することに躊躇していた。デンマークの場合,むしろ予算の削減などの援助改革に直面し,開発援助プログラムを実施する正当性を政治的に確保するために,積極的に外務省の担当者らが開発援助と難民問題をリンクさせたプログラムを提案した。そして難民・移民問題を重視する連立政権と閣外協力を行うデンマーク国民党は,難民開発援助を好意的に受け止めた。また,デンマークの場合,援助実施体制は外務省統合型であり,国際協力大臣は,移民・難民・統合省の大臣を兼務していることから,ROI を実施する上で実施機関の対立といった問題は生じなかった。[18]

(4) ROI と「市民社会組織」

 デンマークでは,様々な分野で「市民社会組織」の活動が活発であるが,外務省南総局と NGO の連携の下で,開発援助に関して約200以上の NGO がアドボカシー活動,開発プログラムの実施,開発教育に関わっている。開発・人道系の「市民社会組織」は開発援助政策の立案,実施・運営のプロセスに関与し,一定の影響力を行使できる制度が設けられている。

 デンマークの援助政策決定過程で注目すべき点は,外務省南総局のスタッフが立案した援助政策は,DANIDA 執行委員会 (Board on International Development Cooperation) の審議を得て,国会へ提出される仕組みが制度化されていることである。DANIDA 執行委員会の承認なしに,政府は国会へ案件を提出することはできず,国会では DANIDA 執行委員会の提言が考慮された上で,活発な討論が行われる。DANIDA 執行委員会は,1962年に設立され,9名のメンバーによって構成されている。メンバーとして任命されるのは,開発 NGO,農業組合,労働組合,青年団体などの「市民社会組織」のメンバー,学識経験者などで,執行委員会のメンバーは毎月1回会議を行い,援助政策,プロジェクト,予算配分などを検討している。DANIDA 執行委員会の提言は法的拘束力を持たないが,国会で重視されるため,DANIDA 執行委員会を通じて一定の市民社会の見解が援助プログラムに反映される仕組みになっている。[19]

第2部 事例研究

　ROIなどの難民開発援助に対する市民社会組織の見解を集約したデータはないが，筆者が行ったインタビューで，難民支援を行っているデンマーク難民評議会（DRC）などのNGO関係者は，ROIが提唱された政治的理由の1つとして「難民封じ込め政策」があり，それに対しては反対しているが，途上国の難民受入国に対する支援自体は庇護国の難民保護に寄与することから支持していた。様々なROI関連のプログラムを実施するためにROI関連の予算がNGOに供与され，難民開発援助が始まっており，その点でROIは評価されていた。[20]

　このようにデンマークでは，援助の削減と難民問題の「政治化」の影響を回避するためにROIが提案され，様々なアクター（政治家，官僚，市民社会組織）が連携してROIの実現を後押しした。そして，国内の内政上の問題をリンクした援助政策を実施する体制が整っていたことがデンマーク政府の難民開発援助と結びついたといえる。では，このようなデンマークの難民開発援助は，国際的難民保護の「負担分担」という課題にどの程度寄与しているのであろうか。次節で，ザンビアで行われたZIに対する支援を事例として検討していきたい。

3　デンマークによる「出身地域イニシアティブ」と難民保護の負担分担

　デンマークのROIを「負担分担」という観点から評価するには，グローバルな「負担分担レジーム」形成に対する関与と，難民受入国の「負担」の軽減という2つの文脈から分析する必要がある。前者に関しては，デンマークは，TDAのファシリテーターとして難民開発援助の支援をドナーへ働きかけた。しかし，これまで成功した負担分担のケースと比較した場合，デンマークのアプローチは限定的である。例えば，1970年代に発生したインドシナ難民のケースではアメリカは各国に政治的圧力をかけて説得し，「負担分担」の合意をとりつけた。[21] 2000年代前半において，デンマークがアメリカのような強い政治的リーダシップを発揮し，CPIへの協力を求めてドナー諸国を説得していたとは言いがたい。むしろ，デンマークが貢献してきたのは，二国間援助による難民

受入国の負担の軽減に関するケースである。

(1) 難民受入国の負担とは何か

　難民受入国への支援を負担の軽減という点から評価するには，難民の受入に伴う負担を測る指標が必要である。しかし，これに関するコンセンサスは現時点では存在せず，一般化することはできないが，主な負担（コスト）としては以下のものが挙げられよう。

[安全保障]

　安全保障上の問題として，最も深刻な問題は，難民の移動により紛争が難民受入国に波及することである。難民の大量流入が起こった場合，戦闘員と非戦闘員を区別することが難しく，武装集団やゲリラ兵などが難民に紛れ込んで流入する場合がある。その際，難民キャンプが軍事活動の拠点となり，難民キャンプにいる非戦闘員の難民が兵士としてリクルートされたり，犯罪や人権侵害の犠牲者になったりすることも少なくない。このような難民キャンプの「軍事化」は，武器や兵器の流入や犯罪を増加させるなど，受入国の治安を悪化させたり，難民送出国政府と受入国政府との関係を悪化させるとともに，地域の安全保障や政治的な安定を脅かす要因となる。[22]

[政治・社会的問題]

　安全保障上の問題以外にも，難民の受入に伴い，様々な政治・社会的問題が発生する。冷戦期のアメリカ政府の難民・移民政策にみられるように，難民の受入には，受入国の国益や戦略上の配慮といった「政治性」が伴う。

　微妙な民族・エスニック集団間のバランスにより政治的安定を保っている多民族・マルチエスニック国家では，難民の大量の流入が，国内のコミュニティ間の調和を脅かす要因となる。特に，受入地域のコミュニティと異なる属性を持つ難民が大量に流入すれば，受入地域や受入国の民族，文化，宗教，言語的構成を変え，主要な社会構成的価値を変えることになる。難民にとっては，文化的近似性があるほうが受入地域の住民との統合は容易であり，アフリカの場

合，近隣諸国からの難民の受入に比較的寛容なのは，文化，民族的近似性と関係がある。アフリカでは同じ民族・エスニック集団が国境を越えて居住する場合が多い。しかし，大量の流入が許容範囲を超え，既存の文化を侵害する場合，政治バランスを変化させる。政治問題の複雑化，援助を求める難民の大量の流入，イデオロギーまたは文化的に適合しない人々を受け入れることにより発生する政治的不安定を恐れ，多くの国では難民を法的に認知することに消極的である。

難民や移民のディアスポラ・コミュニティが政府の対外政策に影響力を行使するケースもある。例えば，アメリカのキューバ系移民，台湾系移民，ユダヤ系移民などのように，対外政策に自らの利益を保護するための政策を求め，難民・移民間の利益の対立が受入国に波及する場合もある。

[経済的問題]

難民の受入には様々な経済的負担が伴う。最も多くの難民を受け入れている途上国は，国民総所得の低下，低経済成長率，社会的・物理的インフラの崩壊，高い人口増加率，第一次産品の貿易の縮小，債務危機といった経済危機に直面している。そのため難民の受入は，食糧，土地問題，雇用，医療・衛生，水問題などといった経済的負担を負う。多くの場合，難民が居住するのは，途上国のなかでも僻地の貧しい地域であるため，希少資源を難民へ分配することに対する不満と反発が高まることが多い。同様に，失業率の増加，経済成長の停滞などから，移民や難民へ資源の分配をすることに対する不満は先進国でも高まっている。特に問題が顕在化するのは「緊急援助」が停止された後である。難民問題の国際的な支援は，長期的なビジョンに基づく継続的な支援が不可欠であるが，現実には，国際社会の関心の薄れや，先進国の「援助疲れ」などにより難民に対する国際的な支援が継続するケースは稀である。

他方，難民の移動に伴う庇護国の負担が強調される傾向が強いが，過去において，難民の移動は必ずしも消極的に捉えられていたわけではなかったことに留意したい。労働力不足に悩むオーストラリアでは，(ヨーロッパ系の難民に限定されるものの) 難民は労働力不足を補う潜在的労働力として，歓迎されてい

た。冷戦期，西側諸国は，社会主義体制の正当性を否定するため，外交戦略の一手段として，ソ連・東欧諸国からの難民を積極的に受け入れていた。また，これまでの研究から，難民および移民が必ずしも受入国に社会・経済的負担をもたらす存在ではないことが明らかになっている。例えば，ドイツでは，1960年代から70年代のドイツの経済成長に移民（および難民）の労働力が不可欠であった。賃金上昇の抑制，インフレ率の引き下げ，輸出の拡大を通してドイツ経済が発展していった過程において，難民や移民としてドイツに来た外国人労働者が重要な役割を果たしたと報告されている。さらに移民および難民が設立した企業はドイツ人の雇用も生み出し，失業率の引き下げに貢献した。一般的に難民や移民は手厚い社会福祉制度を利用する目的で，非合法に入国しているとみなされる場合が多いが，難民と移民が支払う税金は政府の歳入源であり，今後労働人口が減少し，高齢化が進んでいく状況では，ますます移民や難民などの労働力が経済水準を維持する上でも社会福祉制度を維持する上でも必要であると言われている。OECD の調査でも，失業率の高さと難民・移民の受入数は比例しないという結果が出ている。第4章でみたように，途上国においても，難民は，受入国や受入地域の資源を消費する単なる受動的な存在ではない。迫害を受け，母国を逃れることを余儀なくされ，難民となった人々のなかには，農業や工業生産，あるいは専門職に従事していた者も少なくなく，適切な支援や機会が与えられるならば受入国の経済に貢献できる可能性がある。

　難民の受入に伴う負担（コスト）と恩恵（ベネフィット）は受入国の政治・経済・社会的状況によって異なるため，一般化することはできない。しかし，多くの難民が庇護国で定住する傾向が強く，難民の受入国の約80％以上が途上国であるという事実から，人道主義的な難民政策を継続するためには，財政的・物理的負担分担が必要である。

（2）「出身地域イニシアティブ」：概要

　2003年からデンマーク政府は難民送出国と，途上国の難民受入国を対象としたROIを開始した。支援対象国は，アフガニスタンやイラクのように政治的理由から選ばれる場合もあるが，デンマークに多く住む難民の出身国に限定さ

れていない。

　難民送出国への支援は，UNHCR の掲げる 4Rs と類似しており，紛争後の平和構築・復興支援プログラムの一環として実施されている。例えば，「西バルカン出身地域プログラム2005－2007年」では，帰還民が地域の経済活動に統合され，ボスニア・ヘルツェゴビナ，セルビアの特定地域における地域開発と中・小規模ビジネスを対象とした地域ビジネス開発プログラムが実施された。このプログラムは地域の安全と安定を維持し，帰還民が地域の経済活動に統合されることが目標とされていた。

　ROI による第一次庇護国への支援は，帰還や第三国再定住が現実的に不可能な庇護申請者や難民，および難民受入地域の住民が支援の対象となっている。対象国となったのは，近隣諸国から多くの難民を受け入れてきた国で，後でみるザンビアのように UNHCR の DAR・DLI 型難民開発援助とリンクして実施されている場合が多い。また，デンマークに居住するディアスポラとの連携による開発援助の可能性も模索されている。例えば，アメリカ，英国，ドイツ，デンマークに住むソマリ人のディアスポラ・グループとソマリランドに居住するクランの指導者，ビジネス関係者，地域グループによるパイロット・プログラムが実施されており，デンマークも支援を行っている。[28]

（3）　デンマークとザンビア・イニシアティブ（ZI）

　デンマークが ROI 関連で開発援助を提供したプログラムの1つとして，ザンビア・イニシアティブ（ZI）がある。ZI は2002年3月から西部州4県（モング，カオマ，セナンガ，サンガンボ）の難民居住地とその周辺地域に住む約45万6000人を対象とし，難民の経済的自立と庇護国社会への統合を進めるとともに，難民受入地域の負担を軽減させることが目標とする DLI 型難民開発援助である。デンマークは2001年の起草段階から日本とともに ZI に積極的に関わった。

　ザンビアはデンマークのプログラム国の1つであり，1966年からザンビアに対する2国間援助が始まっている。これまでの援助は贈与であり，1990年代初めにザンビアの対デンマーク債務の帳消しを行った。ザンビアは後発開発途上

国(LDC)であるが,南部アフリカ開発共同体(SADC)などの地域機構で一定の影響力を有し,政治的には安定していたことから,ザンビアは「ミディアム・プライオリティ」のプログラム国(年間1億5000万〜1億7500万クローネ)と位置づけられていた。ザンビアにとってデンマークは第7位のODA供与国で,デンマークは教育,水・衛生,インフラの3セクターに重点的な支援を行っている。90年代以降,良い統治と民主化,難民受入コミュニティという2つのテーマ・プログラムに対する支援と,環境問題に関する支援が行われていた。また,HIV／エイズ,ジェンダー間の不平等に関する問題は,すべてのプログラムにおいて配慮されている。これらのデンマークの対ザンビア援助は,デンマーク政府が掲げる開発援助の主要目標と,第5次国家開発計画(2006〜2011年)においてザンビア政府が定めた優先順位に基づいて策定された。

ザンビアは,モザンビーク,アンゴラ,コンゴ民主共和国,ルワンダなどの近隣諸国から多くの難民を受け入れ,比較的寛容な難民政策を行ってきた。2001年の時点では西部州にアンゴラ難民が多く居住し,多くの難民は長期滞留難民であった。また「自発的に定住した難民(Self-settled refugee)」も相当数いると言われていた。難民と地元民の関係は比較的良好であり,難民の地元社会へ統合を実施することに対する地元住民からの反発や抵抗が少ないことがザンビア政府関係者からUNHCRやドナー関係者に説明されていた。西部州は,ザンビア国内のなかで貧困レベルの高い地域であるが,農業や漁業に適した天然資源に富み,インフラが整備され,適切な開発支援が行われるならば,人々の生活水準が向上する潜在性がある地域である。ZIを通して西部州の開発に関わることは,デンマーク政府が掲げる開発援助の最重要課題である「貧困削減」という点からも重要であると考えられた。

デンマーク政府は2003年にZI対象地における農業,教育,保健分野のプロジェクトを支援するため,1050万ドルを供与した。2003年には,教育に関する小規模無償援助のスキームとして2万4100ドルを提供している。また,アンゴラ難民の帰還を円滑に行うため,モング空港を修理するための支援を行い,難民がナングエシ難民居住地からマユクワユクワ難民居住地へ移動するための支援として,両居住地間の道路の補修整備を行った。このようなデンマークの支

援は，ROI の一環として行われているが，対ザンビア援助で培ったセクター分野への支援のノウハウも活用されている。さらに，2007年には UNHCR が進める「難民保護能力強化プロジェクト（Strengthening Protection Capacity Project: SPCP）」に対して320万ドルを提供し，定住を希望する難民の権利の保護と，ザンビア政府側の難民保護能力を拡充する支援を進めてきた。[35]

ZI は，しばしば DLI 型難民開発援助のグッド・プラクティスと評価されてきた。当初，ドナーの反応は良好で，アメリカ，スウェーデン，デンマーク，日本などのドナー諸国，および UNICEF，EU などが資金・技術協力を行い，2004年8月の時点で約1400万ドルがドナーから提供された。だが，次第に多くのドナーが支援を停止し，ZI 関連プログラムへの支援を続けたのは，UNHCR，WFP といった国際機関と，デンマークおよび日本のみとなった。そのため，予定されていた2500万ドルの予算を獲得できず，学校・教員住宅の建設，道路の整備，コミュニティ・アセットの建設などのプロジェクトが未完成のまま放置された。2007年には賃金の未払いをめぐり，アンゴラ難民がザンビア政府に対する訴訟を行った。[36]

しかし，ZI がザンビアの難民受入に伴う負担の軽減に寄与していることは事実である。ZI 開始前の西部州は，国内で最も貧困レベルが高く，食糧問題，環境問題，教育問題，医療・保健問題，インフラの整備は特に切実な問題であった。また，難民定住地およびその周辺地域での犯罪の増加，アンゴラ難民によってもたらされたといわれるポリオや牛肺疫病の流行，小火器の密輸入などの問題や，西部州での高い失業率，食糧不足，貧困層の拡大などの経済・社会問題が続き，難民はしばしば諸問題のスケープゴートや住民の不満や「妬み」の対象となっていた。ZI 実施によって，2005年末までの時点で以下のような成果がみられた。

＊農業——ZI は，マルチセクター型農村開発事業であるが，最も成功した支援はメイズの増産である。種子，肥料，農薬などの購入を可能にするため，コミュニティ回転資金がローンとして提供され，メイズの収穫が劇的に増加した。その結果，2004年のローンの返済率は，全体として74％，カ

オマ県の5つの地域開発共同体（LDC）[37]では100％であった。また，余剰のメイズ，564トンがWFPへ販売された。
* 教育――新しい教育施設の建設により，就学率は増加し，教員数も増加した。
* 保健・医療――セナンガ県，カオマ県への救急車，バイクの支給により，保健サービスの提供は改善し，死亡率の低下に貢献した[38]。
* 難民と地元民の関係改善――ZIでは，難民と地元民はLDCのメンバーとして様々なプロジェクトの共同作業に参加して，交流したり，レンガ製造など双方から学ぶ機会が設けられており，相互信頼を醸成する場が与えられている。その結果，難民と地元民の関係が改善し，良好な関係が維持されているといわれている[39]。

　難民および難民受入地域住民の経済的自立，および難民の庇護国社会への統合というZIの目標からみた場合，上記の成果は微々たるものに過ぎないかもしれない。実際に対応すべき課題は多々残された。しかし，ZIの導入によってこれまで政治・経済的に疎外されてきた地域が注目され，難民を受け入れることが国際社会からの追加援助へ結びついているという考えがザンビア政府関係者，西部州関係者，地域の伝統的リーダーに芽生えたのは，政策的な成果であったと言えよう。

おわりに

　難民の国際的保護という課題は，様々な制約に直面しているが，その根底にあるのは，難民の保護が主権国家の政治的意思に委ねられていることである。近年，庇護希望者，庇護申請者，難民は，人道的な問題であるよりも，安全保障上の脅威や，政治，経済，社会的問題であるとみなされ，多くの国は難民の受入を制限しようとしている。筆者は，難民・庇護希望者の基本的人権を否定する政策に共鳴するものではないが，難民の保護には様々な負担が伴うことは避けられないと認識している。現在，難民の約80％が開発途上国に住み，第一

次庇護国に5年以上滞留する長期滞留難民が増えていることから，難民受入に伴う負担分担は，人道的な難民支援を継続するために必要である。

　だが，国際的難民保護の「負担分担」に関する制度化はあまり進展していない。ZIのように，DLI・DAR型難民開発援助は，庇護国の負担を軽減することに一定の成果を収めているケースはある。しかし，UNHCRが2000年代前半に試みたTDAは，ドナーの支援が得られず，いくつかのパイロット・プロジェクトが実施されたに過ぎない。「難民出身地域保護」を提唱したEU諸国のなかで，デンマークは難民開発援助に積極的に関わった数少ない国である。デンマークはTDAの4Rs，DAR，DLIに近い開発型の難民援助をROIの一環として実施した。その直接的な要因は，政権交代に伴う難民問題の政治化と予算削減等のODA改革であるが，難民問題と開発援助をリンクしたROIが実施されてきたのは，その実現を可能とする援助の伝統や実施体制があり，ROIを支持するアクターが存在したためである。デンマークが難民開発援助への関与は「特殊事例」であり，ドナーが難民開発援助に参加する要件を考察する事例として，普遍化することは難しいという指摘もあるかもしれない。また，ドナーの政治的動機に基づく難民開発援助に問題がないわけではない。第1は，庇護を必要とする人々の権利の保護という点である。国益や国政を配慮した難民開発援助は「難民封じ込め」政策となりうる可能性がある。例えば，2003年，デンマークのホーダー難民・移民・統合省大臣は，アフガニスタン政府に対し，デンマーク政府が認定しなかった庇護申請者を受け入れないのであれば，アフガニスタンへの支援を停止すると圧力をかけた。第2は，国際的保護に関する「負担の共有」が実現できない危険性があることである。難民開発援助が，難民の保護の「負担の共有」ではなく，途上国へ「負担のシフト」や「負担の責任転嫁」をするために運用される可能性は否定できない。

　しかし，2000年代前半のフォー・ラスムセン期のデンマークから，以下の3点が明らかである。第1は，ドナーは人道的理由のみで難民支援には関与しないことである。第2に，たとえ難民や移民の受け入れに消極的であったり，他国の人権問題や難民保護に関心がない場合でも，政策上の優先課題と途上国の負担分担が結びついている場合は，国家は難民受入国へ援助を提供する可能性

があることである。第3に,市民社会組織の難民開発援助の理解と関与が政府を実際に難民開発援助にコミットさせるためには必要である。持続的に難民の権利を保護するには資金の確保が必要であり,ドナーの支援は不可欠である。国家は慈善団体や人道支援機関でない以上,ドナーが行う難民開発援助が何らかの国益や政治的目的に基づいて行われることは避けれない。それゆえ,途上国の受入国のニーズや難民の権利を反映しつつ,難民開発援助と開発援助の「ギャップ」を理念的にも制度的にも埋める方策を検討する必要がある。

注
1) 詳細に関しては,以下参照。庄司克宏「EU 難民政策の理念と現実」『世界』2007年3月号。
2) 'New International Approaches to Asylum Processing and Protection' (Letter dated 10 March 2003 from the UK prime minister to Costas Simitis with the attached document), http://www.statewartch.org.
3) European Commission, Communication on Improving Access to Durable Solutions: On the Managed Entry in the EU of Persons in Need of International Protection and the Enhancement of the Protection Capacity of the Regions of Origin, Com (2004) 410 final, 4/6/04, 2004.
4) Alexander Betts, "International Cooperation Between North and South to Enhance Refugee Protection in Regions of Origin", *RSC Working Paper*, No. 25, Refugee Studies Centre, University of Oxford, July 2005, pp. 15-16.
5) *Ibid.*, p. 14.
6) *Ibid.*, pp. 17-18.
7) 人道援助と開発援助の違いに関しては,以下参照。清水康子「難民支援と地域開発―難民とホスト・コミュニティの共生をめざして」安保則夫ほか編著『クロスボーダーからみる共生と福祉―生活空間にみる越境性』ミネルヴァ書房,2005年。
8) Betts, *op.cit.*, pp. 18-19.
9) 吉武信彦「デンマークにおける新しい右翼―デンマーク国民党を事例として」『地域政策研究』第8巻第2号,2005年,29〜36頁。
10) 同上。
11) Carol Lancaster, *Foreign Aid: Diplomacy, Development, Domestic Politics*, Chicago University Press, 2007, pp. 190-203.
12) *Ibid.*, p. 201.
13) ミックス・クレジット・プログラムは,外務省が輸出関連企業へ提供する輸出補助金である。信用リスクに関しては,貿易産業省管轄下のデンマーク輸出信用基金が引き受けている。

14) DANIDA, Ministry of Foreign Affairs of Denmark, The Region of Origin Initiative, September 2005.
15) Betts, *op.cit.*, pp.16-17.
16) Interview with Anita Budegaard, Head, Editorial Board, Politiken, Former Danish Minister for Development, Ministry of Foreign Affairs, 25 September 2008.
17) Betts, *op.cit.*, p.17.
18) Interview with Ms Jette Lund, Deputy Head of Department, Humanitarian Assistance and NGO Cooperation, Ministry of Foreign Affairs of Denmark, 25 September 2008.
19) Lancaster, *op.cit.*, pp.208-210.
20) Interview with Mr. Andreas Kamm, Secretary General, Danish Refugee Council, 26 September 2008.
21) 小泉康一『国際強制移動の政治社会学』勁草書房，2005年，63頁。
22) 受入国政府が代理戦争や外交手段として難民を利用するケースがある。紛争多発地域である「アフリカの角」地域では，1980年代，エチオピアと敵対するソマリア政府は，オロモ自由戦線（OLF）や反エチオピア政府武装勢力を支援し，エチオピア政府は，ソマリア北西部を拠点とし，ソマリア政府と敵対していたソマリ民族運動（SNM）を支援していた。
23) 竹田いさみ『移民・難民・援助の政治学―オーストラリアと国際社会』勁草書房，1991年，56～116頁。
24) See, Sarah Spencer ed., *Immigration as an Economic Asset: the German Experience*, IPPR/Trentham Books, 1994.
25) Thresa Hayter, *Open Borders: the Case against Immigration Controls*, Pluto Press, 2000, pp.158-159.
26) 南アの事例に関しては，以下参照。Economic and Social Impact of Massive Refugee Populations on Host Developing Communities, as well as Other Countries, Executive Committee of the High Commissioner's Programme, Standing Committee 29th Meeting, EC/54/SC/CRP.5, 18 Feb 2004, p.4. JICA の支援の下で UNHCR が行った National Refugee Baseline Survey によると，南アにいる難民の大多数は教育水準が高く，熟練労働者としての経験があった。これらの人々が南アに来る以前に失業していた者の割合は3％であった。一方，南アでは24％の難民が失業しており，就労者の職業も，専門職ではなく，多くは，街角で行商をしたり，洗車をするなどの未熟練労働であった。
27) See, Oliver Bakewell, "Returning Refugees or Migrating Villagers? Voluntary Repatriation Programmes in Africa Reconsidered", New Issues in Refugee Research, Working Paper No.15, 1999.
28) Ministry of Foreign Affairs of Denmark, The Region of Origin Initiative, September 2005.
29) Interview with Dr. Jess Pilegaard, Counsellor, Royal Danish Embassy (Zambia), 16 August 2007.
30) Royal Danish Embassy, Zambia, February 2007.

31) 2007年7月31日, 岸守一, UNHCR駐日事務所副代表（元ジュネーブ国際機関日本政府代表部一等書記官）インタビュー。
32) Interview with Dr. Jess Pilegaard, Counsellor, Royal Danish Embassy (Zambia), 16 August 2007.
33) モング空港は西部洲の州都モングにあり, 滑走路の破損のため, 飛行機の離着陸ができない状態であった。
34) ナングエシ難民居住地は, 首都ルサカから700kmほどに西に位置し, 2000年に設立された。2004年からアンゴラ難民の帰還事業が本格化し, 多くのアンゴラ難民が帰還したため, 2006年に閉鎖された。ザンビアに残ることを選択した2140人のアンゴラ難民はナングエシから350km離れたマユクワユクワ難民居住地へ移住した。
35) UNHCR, SCCP Zambia, June 2008.
36) The post, 7 July 2007.
37) ZIでは, 難民居住地とその周辺の5から10の村落を地理的隣接性に基づいて区分し, 地域開発共同体（LDC）が設けられた。
38) Ministry of Home Affairs, Evaluation of the Zambia Initiative (Draft), February 2006.
39) 2004年8月, 2005年8月, 2007年2月に筆者がカオマ県およびマユクワユクワ難民居住地で行った難民, 地元民に対する聞き取り調査では, 大半の人々が難民と地元民の関係は良好であると答えていた。同様の意見は, 様々な報告書, 論文等でも報告されている。例えば, 以下参照。渡部正樹「ザンビア・イニシアティブ—人間の安全保障へとつながる新たな取り組みの可能性について」『国際協力研究』Vol.22, No.1, 2006年。

第6章　第三国定住と難民保護の現実

ケニアに居住するソマリア難民の事例から

はじめに

　長期滞留難民問題の解決策となる万能な処方箋は存在しないが，その恒久的解決策としてしばしば提示されるのが，①自発的帰還，②第三国定住，③庇護国定住である。これまで国際情勢や関係諸国の意向によって，恒久的解決策の優先順位は時代によって変化してきた。第二次世界大戦終了後は，庇護国定住と第三国定住が現実的な選択肢とみなされ，1980年代半ばから1990年代は自発的帰還が最も望ましい恒久的解決策と考えられてきた。2000年代以降，自発的帰還を重視した弊害から，恒久的解決策の優先順位は見直されてきた。

　途上国に住む多くの難民は，自発的帰還や庇護国定住が難しいため，第三国定住を望んでいる。しかしながら，全世界的に第三国定住による難民の受入は限定されている。UNHCR の統計によると2005年の第三国定住受入数は3万8500人で，2014年の受入数は7万3000人に増加したが，受入数の上限は約8万人であった。2016年は過去最大の12万6291人が第三国定住したが，これは世界で最も多く第三国定住難民を受け入れているアメリカが受入数を増やしたためで，2017年1月のトランプ政権発足以降，受入数は減少している。2017年1月から10月までの第三国定住難民の数は5万6011人であり，依然として第三国定住難民が難民総数に占める割合は約1％に過ぎない。

　ケニアに長期滞留しているソマリア難民は，自発的帰還と庇護国定住が難しく，第三国定住を唯一実現可能な恒久的解決策とみなしている。他のアフリカ諸国に住む難民と比べると，第三国定住を実現したソマリア難民の数は多いが，ケニア政府が求めている物理的負担分担が十分に行われているとは言い難

い。2011年は過去最大の難民（56万6487人）と庇護申請者（3万5271人）がケニアにいたが、そのうちソマリア難民は51万7666名におよび、最も多かった。現在（2017年12月）、ケニアに居住する難民・庇護申請者の数はピーク時に比べると減少しているが、2017年11月末の時点で43万2596人の難民、5万6475人の庇護申請者がおり、そのうちソマリアから来た難民は28万3114人、庇護申請者が2591人おり、難民受入数および難民貢献指数（GDP比、人口比、面積比）でみた場合も、世界有数の「難民受入大国」であることに変わりはない。本章では、ケニアに住むソマリア難民の事例から、第三国定住の実態を検討する。特に第三国定住によって、最も脆弱な状態に置かれている難民の保護と難民受入国の物理的負担がどの程度実現されているのか（あるいはいないのか）をソマリア難民の第三国定住の事例から考察していきたい。

　なお、本書では、民族としてのソマリ人と国名としてのソマリアを区別して使用する。ソマリ人は主にアフリカ大陸北東部の「アフリカの角」と呼ばれる地域に暮らし、植民地化の過程でイギリス領ソマリランドとイタリア領ソマリランド（両地域は1960年に独立して、合併し、同年にソマリア共和国誕生）、フランス領ソマリランド（現在のジブチ）、エチオピアのオガデン地域、およびケニアの北東部に位置する北部辺境地域（Northern Frontier District: NFD）（後の北東部州）に分かれて居住することとなった。また、ケニアにはソマリ人以外に、キクユ、ルオ、ルヒヤ、カレンジン、カンバ、キシイ、ミジケンダ、トゥルカナ、マサイ等の40以上の民族が暮らしている。そのため、ケニア国籍を所持するすべての住民をケニア人、ケニア国籍を持つソマリ人をソマリ系ケニア人、ケニア国籍を有するソマリ人以外の住民を非ソマリ系ケニア人と表記する。さらに、1960年に成立したソマリア共和国（以下、ソマリア）の国籍を持つソマリア人のなかで迫害などから逃れるために移動してきた庇護希望者、庇護申請者、または難民と認定された人をソマリア難民と呼ぶ。

1　ケニアにおけるソマリア難民の状況

　1960年6月26日にイギリス領ソマリランド、7月1日にイタリア領ソマリラ

ンドが独立し，両地域が合併してソマリア共和国が発足した。1969年にシアド・バーレがクーデターによって政権を掌握し，独裁政権が続いたが，1977年から始まったオガデン戦争によりバーレ政権の求心力が弱まり，1980年代末から北部を中心に「内戦」状態となり，1991年にバーレ政権は崩壊した。現在のソマリアは，1991年に「独立」を宣言した北西部の「ソマリランド共和国」（国際的には未承認），1998年に自治政府の樹立を宣言した北東部のプントランド，および中・南部の3つの地域に分かれている。国際社会は2012年8月に発足した連邦政府を合法的な「中央政府」とみなしているが，連邦政府が実効支配しているのは中・南部の一部に過ぎず，治安の維持に関してはアフリカ連合ソマリア・ミッション（African Union Mission in Somalia: AMISOM）に依存している。

ソマリアからケニアへの難民流出のパターンは，中・南部での政治，治安情勢と連動している。1980年代後半からソマリアからケニアへの難民の移動が急増し，1991年にバーレ政権が崩壊し，軍閥，武装組織，民兵などの戦闘が激化し，50万人が餓死したと言われる大規模な干ばつが1992年に発生したため，100万人以上のソマリア人が国内避難民になり，60万人が隣国へ逃れて難民になった。[10]ケニアへは最も多くのソマリア難民が流入し，1992年には難民の数は約28万5600人におよんだ。[11]しかし1994年から2006年まではケニアに居住する難民の数は安定し，ケニアに居住するソマリア難民の数は約17万4000人から13万700人の間を推移していた（図6-1）。

だが，一般市民から幅広く支持を得ていたイスラーム法廷連合（UIC）の支配がアメリカの支援を受けたエチオピア軍の攻撃によって終焉すると，ソマリア南部の治安は著しく悪化し，再び大規模な国内避難民・難民の移動が始まった。2007年1月にエチオピア軍はモガディシュを制圧し，UIC解体後もエチオピア軍は駐留したため，2005年に発足した暫定連邦政府（TFG）内はエチオピア軍の駐留をめぐり，分裂した。またUICの分派で急進的なイスラーム主義を掲げる武装集団であるアッシャバーブ（Al-Shabaab）がソマリア南部で次第に勢力を拡大し，その結果ソマリア南部の治安は著しく悪化した。2011年には過去50年間で最悪の干ばつが発生したにもかかわらず，アッシャバーブは欧米諸国からの人道援助を拒否したために，飢饉など深刻な人道的危機が発生

図6-1 ケニアに居住するソマリア難民および難民総数（1993〜2016年）

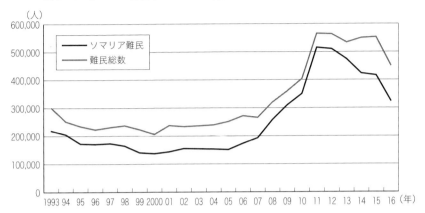

出所：UNHCR, State of World Refugees 2000, 2004; UNHCR Statistical Year Book, 2005〜2015; UNHCR, Statistical Summary as of 30 Nov 2017, Refugees and Asylum Seekers in Kenya から筆者作成。

し，多くのソマリア人が近隣諸国へ移動した[12]。そのため2008年以降，ケニアではソマリア難民が再び増加し，2011年にソマリア難民の数は過去最大の51万7666名におよび，2011年だけで16万3140名のソマリア人が難民として認定された[13]。

UNHCRによると，2017年11月30日の時点でアフリカ角地域で登録されているソマリア難民が87万1559人おり，ケニアには2017年4月1日の時点でアフリカの角地域にいる全ソマリア難民の35.9%にあたる31万3255人が暮らしていた[14]。また2017年11月30日の時点でケニアに住むソマリア難民の約80%にあたる22万9854人が北東部のダダーブ地域に建設された5つの難民キャンプ（ダガハレー，イフォ，イフォ2，ハガデラ，カンビオス）に居住している[15]。

2 ケニアにおける難民政策

ケニアはイギリスから1963年12月に独立し，1963年以降のケニアにおける難民政策は4期（1963〜1991年，1991〜2003年，2003年〜2013年，2013年以降）に大別できよう。第1期は門戸開放的な難民政策を実施してきた，1963年から1991年

までである。この時期にケニアにいた難民のほとんどはスーダン,ウガンダ,エチオピアなどの近隣諸国から逃れてきた人々であった。庇護申請者が難民資格審査委員会(Refugee Eligible Committee)によって難民として認定されると,難民は移動の自由や就労の自由などが認められていた。ケニア政府が難民の受け入れに寛容であったのは,難民数は1987年まで1万人以下であり,大半の難民が医師や教師などのウガンダ人で,専門的技術や知識をケニア社会に提供し,貢献しているとみなされていたからである。

　しかし,ケニアの難民政策は1990年代初めに転換することになる。その契機となったのが,1980年代後半から非常に多くのソマリア人がケニアへ移動してきたことであった。ケニア政府は1991年まで国境を封鎖し,ソマリア人のケニア入国を阻止しようと試みた。[16]だが1991年初めのバーレ政権崩壊に伴い,大量のソマリア人がケニアへ流入し,その数が1991年12月に9万2200人にまで達するとケニア政府は場当たり的な対応で難民問題に対処できなくなった。モイ(Daniel arap Moi)大統領は北東州の非常事態宣言を解除し,[17]国際社会に支援を求め,UNHCR等の国際機関やNGOが難民に対する支援を開始した。

　このような状況から第2期へ移行する。この時期のケニアの難民政策には主に2つの特徴がみられる。第1は,ケニア政府が難民保護に関する一連の業務をUNHCRに移譲したことである。難民審査,難民認定手続き,難民キャンプの運営といったあらゆる難民支援業務をUNHCRが請け負うこととなった。第2の特徴は,難民を難民キャンプに居住させる「難民隔離政策(refugee isolation policy)」を開始したことである。1992年までに7ヶ所に難民キャンプが開設され,難民キャンプ以外に住む難民は不法滞在者とみなされ,強制送還の対象となった。1991年まで難民に認められていた移動の自由,就労の権利など,難民に付与されていた諸権利は否定され,治安維持当局による難民の恣意的な逮捕や拘禁,難民キャンプの治安の悪化,性・ジェンダーに基づく暴力などが多発し,難民に対する人権侵害は深刻な状態になった。

　ケニアが難民隔離政策を開始したのは主に3つの要因が絡んでいる。第1はソマリア難民の急増である。第2はモイ政権に対する人権問題の改善および「民主化」要求である。ケニアでは独立以降,ケニア・アフリカ民族同盟(Kenya

African National Union: KANU)による一党独裁体制が続き[18]，1980年代後半，国内外の市民社会組織などから人権状況の改善や「民主化」を求める声が高まった。それに呼応し，次第にアメリカやドイツなどの主要ドナー諸国もケニア政府に人権の保護と政治的民主化を要求した。1991年11月26日の援助国会合においてドナー側は政治的民主化および構造調整政策の遅延を理由として，ケニアに対する新規援助を停止することを決定した。深刻な経済問題に直面していたケニア政府にとって，ドナーからの援助停止は大きな打撃であった[19]。

さらに1991年10月から1992年12月にかけて，リフトバレー州を中心に土地問題を巡る住民抗争事件が頻発した。この紛争では約1500人が死亡し，事件の背後にモイ政権と KANU の指導層が関わっていたことから，モイ政権に対する批判が高まった。住民抗争と民主化の遅延に対する非難に直面していたモイ政権にとって40万人以上のソマリア難民を受け入れることは，人権保護を積極的に推進していると国際社会へアピールするのに絶好の機会であった[20]。大量難民の受入はドナー諸国から賞賛され，ケニアに対する緊急支援が行われ，1992年から1993年にかけて，UNHCR は4000万ドルを難民キャンプ建設のためにケニアへ供与した[21]。

ケニアが難民政策を転換した第3の要因は経済問題である。独立後，ケニアは自由主義的な経済政策を実施し，順調に経済成長を続けていた。だが，次第に経済成長は停滞し，国際的な圧力から1992年以降，本格的に構造調整政策を開始し，通貨市場の自由化，関税の削減，食糧価格と流通の自由化，政府・国営企業における雇用の削減，国営企業の民営化などの措置を行った。その結果，失業率の増加，社会サービスの低下，食糧価格の上昇，インフレの増加に伴う実質賃金の低下などが生じた。構造調整政策の導入に伴い，様々な社会サービスの提供が停止され，経済状況が悪化したことから，地元民は自らに提供されない社会サービスが難民に提供されることに不満を抱いたり，経済的に成功した難民を地域経済に損害を与える存在とみなしたりするようになり，受入地域の住民と難民の間でしばしば対立が発生した。地元民と難民が経済的に競合しないよう，特別な理由を除いて難民の都市での居住や就労は禁止され，さらに地元民の要請によりコースト州に建設されたすべての難民キャンプは

1998年までに閉鎖された。現在はケニアにはダダーブとカクマの2ヶ所にのみ難民キャンプがある。

　第3期は2003年から2012年までである。2002年の総選挙前からキバキ（Mwai Kibaki）は国外のドナー諸国との関係改善と新たな難民政策の導入を提唱した。2003年に議会へ提出された草案は2006年難民法として採択され、同年に移民・登録省（Ministry of Immigration and Registration of Persons）内に国家難民事務局（National Refugee Secretariat）が設けられた。2011年3月には難民認定手続きと難民問題に関連する諸業務を行う難民問題局（Department of Refugee Affairs: DRA）が難民・移民登録省に設立された。

　しかし、大統領就任後、キバキは選挙前の方針を転換して、難民隔離政策を継承し、難民の管理を強化した。その契機となったのは、2002年11月28日にモンバサのパラダイス・ホテルで発生した自爆テロである。このテロはソマリアに拠点を置くアル・イティハド・アル・イスラミア（Al-Ittihad al-Islamaya: AIAI）による犯行とされた。ダダーブ難民キャンプで支援活動を行っているアル・ハラマイン・イスラーム財団（Al-Haramain Islamic Foundation: AHF）が AIAI と親密な関係があるとして、AHF のスーダン人ディレクター、シェイク・フセイン（Sheik Muawiya Hussein）は2004年6月に国外追放された。難民の ID カード携帯が再び義務づけられ、しばしば警察や治安当局による「不法移民取締り」がナイロビなどの都市や難民キャンプ周辺地域などで行われ、恣意的な逮捕・拘禁、不正な賄賂の要求が続き、難民に対する人権侵害が続いた。そのなかで特に深刻な問題であるのはノン・ルフールマン原則の違反である。2006年末から新たにソマリアから難民が大量に流入すると、2007年1月以降、ケニアはソマリアとの国境を閉鎖し、ソマリア人の越境を阻止しようとした。だが、斡旋業者などを利用してケニアに入国するソマリア人は増加した。一旦ケニアに入り、ダダーブ難民キャンプなどで庇護申請を行ったソマリア人は、一括して「形式的な難民（prima facie refugee）」として認定されていた。2011年4月に国家保安事務局長（Internal Security Permanent Secretary）のキメミア（Francis Kimemia）は UNHCR に対してソマリア国内に難民キャンプを設立するよう要請した。さらに登録した難民が46万人以上になると、2011年10月にダダーブの

難民キャンプでの難民登録を中止し、2012年12月13日にケニア難民局は、登録している5万5000人の都市難民をケニア北西部および北東部の難民キャンプへ移住させると発表した。

　このような難民政策は国内外から批判されたが、キバキ政権は自らの政策を安全保障の観点から正当化した。2002年のパラダイス・ホテルでの自爆テロ事件以降、ケニア政府はソマリア難民をテロや犯罪と結びつけ、ステレオタイプ化する傾向が強まった。[26] また、難民受入地域の代表者や国会議員の言動にも治安や犯罪などに関する問題の原因をソマリア難民に転嫁させた発言が目立つようになった。[27] 国際社会からの要請に応じて、2008年に首相となったオディンガ（Raila Odinga）[28]は、2011年7月に国境閉鎖の解除とリボイ・トランジット・センターの再開を命じたが、治安・州行政省は封鎖解除に反対し、連立政権内で難民の受入をめぐる対立が続いた。[29]

　第4期はケニヤッタ（Uhuru Kenyatta）政権が誕生した2013年以降で、難民に対する弾圧がさらに強化された時期である。その発端は2013年9月に首都のナイロビで白昼に起きたウエストゲート・ショッピング・モール襲撃事件である。少なくとも72名が死亡し、240名が負傷し、犠牲者のなかにはケニヤッタ大統領の親族やカナダ人外交官も含まれていた。ソマリアに拠点を置く武装組織、アッシャバーブが犯行声明を出している。事件発生後、政府内でも、一般市民の間でも、難民法改正、難民の受入停止と難民の帰還を求める声が高まった。警察や治安当局による難民に対する弾圧、人権侵害はさらに深刻になっている。

　2012年12月に発表された都市難民の難民キャンプ移住計画に対しては市民社会組織が高等裁判所へ異議申し立てを行い、2013年7月26日に難民のキャンプへの移送を停止する判決を出した。[30] しかし、都市難民に対する警察や治安維持機関による嫌がらせや恣意的な逮捕が続いている。2013年11月、ケニア政府は難民の帰還に関する三者間協定をソマリア連邦政府とUNHCRの間で調印した。[31] ソマリア連邦政府やNGO等の要請を無視し、ケニア政府はソマリア難民の送還を開始した。[32]

　上記以外にも2006年難民法やケニアが批准している1951年国際難民条約、

1967年難民議定書，国際人権法などに違反する様々な人権侵害が難民に対して行われて，批判されているが，ケニア政府は難民の受入に伴う負担の増加と安全保障上の問題を理由に抑圧的な難民政策を正当化している。

3 難民問題の恒久的解決策とソマリア難民

難民問題の恒久的解決策として，自発的帰還，庇護国定住，第三国定住という3つの方策があるが，本節ではケニアに住むソマリア難民の自発的帰還，庇護国定住の可能性を検討する。

(1) 自発的帰還

自発的帰還はしばしば最も望ましい恒久的解決策と考えられている。一般的に難民の自発的帰還は，出身国の紛争が終結して治安が安定したり，政治体制の変動に伴い，「民主化」や基本的人権の保障が進展したときに行われることが求められている。

ソマリアでは1991年にバーレ政権が崩壊してから全土を実効的に支配する中央政府は存在しない。1991年に独立を宣言した北西部のソマリランド，1997年に自治政府の樹立を発表した北東部のプントランドの治安は比較的安定している。南部では治安・政治情勢の不安定な状況が続き，多くの難民・国内避難民が発生したが，絶えず戦闘が続いたわけではない。1995年から2006年にかけて紛争は散発していたが，一定の秩序が構築されており，1990年から2005年までに約100万人のソマリア人がソマリアへ帰還したと推計されている。帰還したソマリア人の約70万人がソマリランド，15万人がプントランドへ戻り，約15万人は治安が比較的安定していた中部に戻った。[33]

しかし，モガディシュを一元的支配下に置き，北はプントランド境界地域，南はケニア国境付近まで統治したイスラーム法廷連合（UIC）の支配が2006年末のエチオピア軍による軍事介入で崩壊すると，ソマリア南部の治安は再び悪化した。政府間開発機構（IGAD）の主導で2005年に発足した暫定連邦政府（TFG）を国際社会は合法的な「中央政府」とみなしていたものの，TFGが実

効支配している地域は限定的で、2007年からソマリアの治安維持を担うために派遣されたAMISOMは反政府武装勢力であるアッシャバーブやヒズブール・イスラーム（Hizbul Islam）に苦戦していた。2011年には大規模な干ばつが発生し、多くの人々が難民として隣国へ移動する事態が生じた。

2011年7月から8月にかけてモガディシュでアッシャバーブと交戦していたAMISOMは次第に勢力圏を広げ、2011年10月にソマリア南部で軍事作戦を開始したケニア軍は2012年2月にAMISOMに合流し、2012年3月にはモガディシュからアッシャバーブは駆逐された[34]。2012年8月にはTFGの暫定統治期間が終了し、連邦政府が発足するとともに、同年9月にはケニア軍を主力とするAMISOMがアッシャバーブが拠点を置くキスマヨを制圧した。だが、大統領、閣僚、政府要人などを対象とした暗殺（未遂）事件や政府および国際機関をターゲットとしたテロは続いており、首都のモガディシュや地方の主要都市等の治安はいまだに流動的である。また分離独立を宣言しているソマリランドとプントランド自治政府の間には領土係争問題が発生し、度々戦闘が起きている[35]。

ケニア政府はかねてからソマリア難民の送還を度々示唆し、2007年1月に国境を封鎖し、2011年10月にはダダーブでの難民登録を中止するなど庇護希望者の流入を阻止してきた。さらに2013年11月、ケニア政府はソマリア連邦政府、UNHCRとの間で三者間協定を結び、ケニアに住むソマリア難民をソマリア中・南部の「安全な地域」へ帰還させることを発表した[36]。協定が締結された際、UNHCRは難民の帰還はあくまでも難民の自発的な意思に基づいて実施すると強調し、帰還事業が終了するには少なくとも10年以上かかると述べていたが、レンク内務大臣（当時）は、難民の帰還を迅速に進めることを主張し、両者の認識の違いが明らかになった。ケニアでソマリア難民に対する弾圧や人権侵害が悪化していることに伴い、ソマリアへ戻った難民は2017年までに登録されているだけで約7万人ほどいると言われている[37]。

近年、ソマリア南部では一部の地域の治安は徐々に回復しているものの、テロや人権侵害は続いている。例えば、モガディシュではアッシャバーブによる一般市民に対する無差別なテロが行われており、ソマリアに帰還したある難民は、帰国2日目にモガディシュ中央のホテルで起きた爆弾事件で負傷した。こ

のようにアムネスティ・インターナショナルは2013年初め以降，治安は著しく悪化したと報告している[38]。2013年以降もモガディシュなどではソマリア治安維持機関や武装勢力によるレイプや暴力事件が報告されている[39]。2014年4月にAMISOMとソマリア国防軍が南部の中央地域で行ったアッシャバーブ掃討作戦では多くの人々が避難民となり[40]，同年5月にはAMISOMがケニアに対してソマリア人の送還を止めるよう要請している[41]。またインフラ等の整備も不十分であるため難民が安心して帰還できる状況ではない。ソマリア連邦政府も無計画で早急な難民の帰還はソマリアの混乱と不安定化を引き起こすと懸念を表明し，ソマリア難民の帰還を延期するようケニア政府に要請した[42]。

ソマリア難民が帰還を決意した理由は，個々の難民によって異なるが，一般的にはソマリアの情勢に関する情報が家族，親族，クランのメンバー，あるいはビジネスなどでソマリアを往来している人々などからもたらされ，決意をする場合や，ある程度のリスクを覚悟しつつも，帰還するメリットを優先させる場合もあると言われている。また，多くのソマリア難民は，出国前に住んでいたところではなく，主要な都市や所属するクランのホームランドと考えられるところに新居を設ける場合も少なくない[43]。ソマリアでは，イスラームと父系制の血縁関係を基盤とするディヤ（diya）[44]とクランが人々の生活の基盤であり，アイデンティティよりどころである。ソマリランドやプントランドは比較的治安は安定しているものの，ソマリランドはイサック，プントランドはダロッドのホームグラウンドであり，現在ケニアに住むソマリア難民の多くは中・南部の出身のイサックやダロッドと異なるクランであるため，これらの地域へ帰還し，居住することは難しい[45]。

（2）庇護国定住

ケニアにいるソマリア難民の約84%が北東部に滞在しているが，北東部にはソマリ人とともにデゴディア，レンディーレ，ボラナ，ガレ，オロモ，トゥルカナなどの人々が居住している。この地域は降雨量が少ない半乾燥地帯であり，干ばつが頻繁に起きるため，主要産業である農業と牧畜業で生計を立てるのは容易でない。この地域へ移動してきたソマリア難民の多くは遊牧系牧畜民

で[46]、ソマリ系ケニア人と共通の言語、文化、宗教を共有し、経済活動や婚姻関係を通して国境を超えた交流が古くから行われていた。そのため、ソマリア難民と地元民との経済活動を通じた交流が行われ、難民は食料、衣料などの販売や、自転車タクシーなどのビジネスを行い、多くのソマリ系ケニア人がキャンプと地域の食料品などの日用品を取引する「仲介人」として働いている。ソマリ系ケニア人とソマリア難民の結婚も頻繁に行われてきた[47]。このように文化、社会的にソマリア難民とソマリ系人の相互交流がみられ、経済的にもソマリア難民はケニア経済との関わりは深い。しかし、近年ソマリ系ケニア人とソマリア難民との間にしばしば対立が生じ、両者間の関係には亀裂がみられるという報告がある[48]。

　法的にはソマリア難民がケニアへ統合される可能性は低い。ケニアは1951年難民条約に1966年に加入し、1967年難民議定書に1981年に加入するとともに、1969年OAU難民条約に1993年に加入している。また2006年末には2006年難民法も採択された。しかし歴代の政府はソマリア難民の権利を保護することに消極的で、ケニヤッタ政権も難民隔離政策を継続しており、現行法では難民がケニア国籍や市民権を取得することはほぼ不可能である。

　ケニア政府は抑圧的な難民政策を行う理由の1つとして安全保障問題を挙げている。ケニアで発生した1998年8月のナイロビのアメリカ大使館の爆撃、2002年11月28日のモンバサにあるパラダイス・ホテルの自爆テロ、2013年9月21日のウエストゲート・ショッピング・モールで襲撃事件等の犯行に難民が関与したと発表された[49]。また、ソマリアやスーダンから大量の小型武器がケニアへ流入しているが、ケニア政府関係者は小型武器供給の増加は難民の移動と密接な関係があり、難民キャンプが小型武器の貯蔵庫、取引の場として利用されていると述べている[50]。テロ事件や小型武器の流通は、ケニアにとって深刻な安全保障上の問題である。だがテロ、小型武器の流通にすべてのソマリア難民やソマリ系ケニア人が関与しているわけではない。しかし、ケニア政府はすべてのソマリア難民をテロや犯罪と結びつけ、ステレオタイプ化する傾向がみられる[51]。また、難民受入地域の代表者や国会議員などの言動にも治安や犯罪の問題をソマリア難民に責任転嫁する発言が目立ってきた[52]。

第2部　事例研究

　ケニアにおいてソマリア難民が「安全保障化」する背景には主に2つの問題がある。第1は，ケニア政府とソマリ系ケニア人との歴史的な確執である。旧北東州は，イギリスの植民地時代，NFDと呼ばれ，経済開発から切り離された地域であった。1884年のベルリン会議以降，ソマリ人は5つの地域（フランス領ソマリランド，イギリス領ソマリランド，イタリア領ソマリランド，オガデン，およびNFD）に分かれて暮らすこととなった。しかし，1950年にイギリス領およびイタリア領ソマリランドの独立が10年後に実施されることが決まると，1950年代にアフリカ北東部のソマリ人居住地域をすべて統合したソマリア国家の建設を目指す大ソマリ主義（Pan Somalism, Somali irredentism）が活性化した[53]。1960年6月26日にイギリス領ソマリランド，1960年7月1日にイタリア領ソマリランドが独立し，合併してソマリア共和国が成立した。1963年のケニア独立が近づくと，NFDの帰属問題に関して，諮問委員会がNFDの調査を行い，大多数のソマリ系の住民がケニアから独立し，ソマリア共和国へ統合することを希望していることが明らかになった[54]。しかしNFDの分離独立は認められず，1963年にケニア政府は北東州に対して国家非常事態宣言を発令した。この結果を不満とするソマリ系ケニア人たちは，ゲリラ活動を開始し，1963年から1967年まで分離独立を求めるシフタ（盗賊）戦争（Shifta War）が起きた。ソマリア政府の介入を警戒するケニア政府は，1964年から1967年に7000万ドルをケニア軍に投入し，北東州を徹底的に弾圧した。その後，ケニアとソマリアは1967年10月に相互不可侵・協力協定を結んだが，大ソマリ主義を掲げるシアド・バーレ（Mohamed Siad Barre）が1969年に政権を掌握したことから，ケニア政府はソマリアの膨張主義を警戒し，北東州に対する抑圧的な政策を継続した。1984年2月にはワジールで大規模な「シフタ根絶キャンペーン」が展開され，5000名が逮捕され，2000名が殺害された。しかし，国会でシフタ根絶キャンペーンに対する批判は一切行われなかった[55]。

　ケニアで難民問題が「安全保障化」する第2の要因は，イスラーム過激派組織の台頭である。ケニアでは近年暴力的手段や武装闘争を辞さないイスラーム武装組織が活性化している。ケニアの大多数のムスリムは穏健派と言われるスンニ派のシャフィーイの信者で，その他にシーア派（イスマール派，12イマーム

派,ボホラ派)やアマディーヤ派,イバード派の信者であった[56]。しかし,1970年代後半以降,サラフィー主義やワッハーブ派の過激思想が普及し,次第にイスラーム過激思想に共鳴する者が増え,イスラーム武装組織に参加する者も増加した。特に旧コースト州,旧北東州,ナイロビ,モンバサなどの一部のモスクやマドラサでイスラーム組織はアルカイダ等の国際的な武力闘争組織と連携し,武装組織のメンバーのリクルート,武器や資金の調達に関与している。シェイク・アブード・ロゴ・ムハンマド(Sheik Aboud Rogo Muhamed)[57]やシャミール・ハシム・カーン(Shamir Hashimu Khan(Abu Nusaybah))[58]などはケニアにおけるイスラームの過激思想の普及や武装集団のリクルートに重要な役割を果たし,サウジアラビアの AHF や Mercy などが武装組織のメンバーのリクルートやテロ・破壊活動の資金を提供していると言われていた。

　近年ケニア政府が最も警戒している武装組織の1つがアッシャバーブである。アッシャバーブはソマリア国外にも拠点を設け,他の武装組織と連携し,ソマリ系およびソマリ系以外のメンバーをリクルートしている。ケニアでは旧北東州,旧コースト州,ナイロビなどにアッシャバーブの支部や支援団体があり,アッシャバーブのメンバーの約10％が非ソマリ系ケニア人であると言われている[59]。特にムスリム青年センター(Muslim Youth Center: MYC)はアッシャバーブと密接な関係にあり,近年 MYC はアル・ヒジュラ(Al-Hijra)という組織名でアッシャバーブのための新規リクルート,訓練,資金調達を行い,積極的に戦闘や破壊活動に従事している。2013年9月のウエストゲート・ショッピングモール襲撃事件ではアル・ヒジュラはアッシャバーブとともに関与していたと言われている[60]。

　多くのソマリア難民は敬虔なムスリムではあるが,過激な思想や暴力手段を辞さないアッシャバーブ等の武装組織を支持していない。ソマリア難民のなかにテロに加担する者がいないと断言することはできないが,大半のソマリア難民はテロの被害者であり,アッシャバーブの勧誘を恐れていることは留意したい。また拉致,誘拐,脅迫などにより非自発的に武装組織のメンバーになった人やテロに関与することを強要された人がいることも考慮すべきである[61]。しかし,ケニア当局はソマリ系ケニア人,ソマリア難民,イスラム教徒を一元的に

とらえる傾向が強く，偏見や差別的な感情を抱く人も少なくない。ソマリア難民に対するケニア政府の政策はソマリ系ケニア人や武装組織に対する抑圧的な政策の延長線上にある。このような状況下でソマリア難民がケニア社会へ統合することは難しい。

4 　第三国定住の実態

前節でみたように，ケニアに居住するソマリア難民にとって自発的帰還，庇護国定住という2つの選択肢を選択することが極めて難しい状況であることがわかる。ここで恒久的解決策の1つである第三国定住の実態を概観し，その問題を明らかにしたい。

（1） 第三国定住のプロセス

第三国定住のプロセスは，受入国によって異なるが，一般的に第三国定住受入国は，UNHCR または難民推薦団体から照会される難民を受け入れている。一般的なプロセスは以下のとおりである。

① 　UNHCR が難民の申請を審査して，受入国へ照会する。
② 　受入国は UNHCR から照会された第三国定住希望者を選択し，面接等の審査を行う。
③ 　審査の結果，受入の対象となった難民は健康診断やガイダンスなどを受ける。
④ 　難民が受入国へ渡航する。[62]

第三国定住の受入基準や優先順位は受入国によって異なる。デンマーク[63]，ノルウェー[64]，スウェーデン[65]，フィンランド[66]，オランダ[67]などは UNHCR の照会によるケースを受け入れ，緊急ケース，医療の必要なケース，危険に晒されている女性などの受入枠を設けている。オーストラリア，ニュージーランド，アメリカは家族再統合の受入枠を設けている。[68]

図6-2 第三国定住したソマリア難民の数

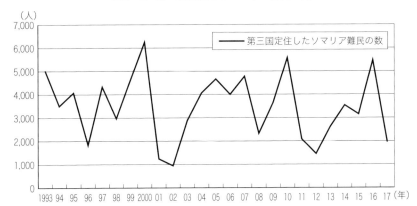

注：2017年は11月末までの数である。
出所：UNHCR, State of World Refugees 2000, 2004; UNHCR Statistical Year Book, 2005〜2015; UNHCR, Statistical Summary as of 30 Nov 2017, Refugees and Asylum Seekers in Kenya から筆者作成。

第三国定住受入の上位3ヶ国であるアメリカ，カナダ，オーストリアなどはUNHCRや難民推薦団体からの照会以外に，個人が直接大使館を訪問し，査証審査官に第三国定住を申請する制度も設けている[69]。またアメリカは特別な場合を除き，安全保障上の理由から緊急時の第三国定住を受け入れていない[70]。

 (2) ケニアに住むソマリア難民の第三国定住受入

ケニアでは，1991年から第三国定住プログラムが始まり，アフリカ諸国のなかでは比較的多くの難民がケニアから第三国へ定住している。1993年から2017年11月末まで第三国へ定住したソマリア難民の数は図6-2のように推移している。1993年から2001年まで，1996年を除き，毎年平均約5000名が第三国に定住した。第三国定住受入国の上位3ヶ国はアメリカ，オーストラリア，カナダである。UNHCRの1993年の報告では，アメリカが第三国定住プログラムで受け入れた難民3657名のうち，約75％に該当する2751名がソマリア難民であった。この数はソマリア難民の総数からみると限られた数ではあるが，1990年代初めにサハラ以南アフリカから第三国定住した難民の数のなかで占める割合としては多い。1990年代初め，ケニアからの第三国定住は，アフリカ諸国全体の

第三国定住の75％を占め，2000年にはケニアからの第三国定住の数はアフリカ諸国のなかで最も多かった。[71]

しかし2001年に第三国定住に関する汚職・不正問題が発覚したため，ケニアからの第三国定住の受入は一時停止した。国連の内部監査の結果，3名のUNHCR職員，2名のNGO職員，およびその他の関係者4名が逮捕され[72]，審査中および新規のケースはすべて取り消された。同時に，最大の第三国定住受入国であるアメリカは2001年9月11日の同時多発テロの発生に伴い，第三国定住受入プログラムを停止した。アメリカの第三国定住の受入は2001年12月に再開したが，グループ認定による受入を優先させ，2001年から「lost boys」と呼ばれる保護者のいない未成年のスーダン難民の受入を優先した。1999年末にプライオリティ2のグループに選ばれたバンツー系ソマリア難民は，2003年以降，第三国定住受入国であるアメリカへ移動した[73]。これらのプログラムによって，2001年から2005年の間に2万7450名の難民がケニアからアメリカに第三国定住し，全世界で第三国定住した13万4800名のうち20.4％を占めていた。

しかし，2007年以降，ケニアへ流入するソマリア難民が再度急増したにもかかわらず，第三国定住の受入数は減少している。2001年9月11日の同時多発テロ以降，特定の出身国（または特定の民族）の難民は第三国定住が「難しいケース」とみなされ，採択率が低い。一般的な誤解や偏見によって全般的にソマリア難民の第三国定住は近年難しくなってきている。2011年の第三国定住採択率は全体の平均が93.3％であったのに対し，ソマリア難民の採択率は84.1％であった[74]。2012年は全体の採択率平均が88.4％で，ソマリア難民の採択率は86.4％であり[75]，ソマリア難民の採択率がとりわけ低いわけではないが，2015年の採択率の平均が91.8％であったのに対し，ソマリア難民の採択率は85.3％であった[76]。カナダ，オーストラリア，スウェーデン，英国などもケニアから第三国定住の難民を受け入れているが，アメリカによるケニアから第三国定住難民受入の割合は2011年から2015年までで約6～7割，2016年は約8割であり[77]，アメリカの第三国定住受入停止がもたらす影響は大きい。

ソマリア難民の第三国定住による受入が減少している背景には主に2つの問題が関わっている。第1はソマリアで戦闘やテロを行っている反政府武装勢力

であるアッシャバーブがアルカイダ等の国際的な武装組織と連携しており，難民のなかにイスラーム過激思想に傾倒し，これらの武装組織やテロ集団のメンバーや支援者が紛れ込んでいると警戒されているためである。第2に2010年以降，ダダーブの難民キャンプおよびその周辺地域で度々テロや爆発事件が発生し，治安が著しく悪化したため，第三国定住申請者のインタビュー等を実施することが難しくなったためである[78]。そのため第三国定住受入国はカクマやナイロビに住む難民の受入を増加したり，ソマリア難民の照会を保留するようにUNHCRに要請した[79]。その結果，2011年には2102名であったソマリア難民の第三国定住数は2012年に1442名にまで減少した。このような状況を改善するために，第三国定住受入国のうちオーストラリア，カナダ，スウェーデン，英国はダダーブのキャンプに住む難民のインタビューを行うためビデオ会議を実施している。アメリカは第三国定住審査を実施するために申請者をアメリカが出資しているカクマ難民キャンプの移転センターやナイロビにある国際移住機関（IOM）のトランジット・センターへ移動させ，審査している[80]。その結果，2013年の第三国定住受入数は2612名となったものの，2013年にUNHCRが照会した第三国定住難民のなかでダダーブに住むソマリア難民の受入予定数はわずか1250名となり，UNHCRが予定していた2500名の難民の第三国定住を実現することは難しい状況になった[81]。

　さらに2017年1月にアメリカは第三国定住受入を一時停止すると発表した。これまでケニアから年間約2000〜3500名の難民が第三国定住プログラムでアメリカへ渡り，2016年には7655名の難民がアメリカに第三国定住した[82]。だが，2017年1月に就任したトランプ大統領は，同年1月27日にソマリアを含む7ヶ国の国民に対する90日間の入国禁止と難民の受入を120日間停止する大統領令を出した。この大統領令に対して，同年2月ワシントン州連邦地方裁判所は一時差し止めを命じ，連邦高裁は大統領側の上告を棄却した。だが，トランプ大統領は3月に新たな大統領令に署名し，第三国定住受入停止は継続した[83]。10月に受入停止の大統領令は解除されたが，ソマリアを含む11ヶ国からの難民の受入に関しては不透明な状況が続いている[84]。カナダ，オーストラリア，スウェーデン，英国などもケニアから第三国定住の難民を受け入れているが，アメリカ

図6-3　ケニアにおけるソマリア難民と第三国定住したソマリア難民

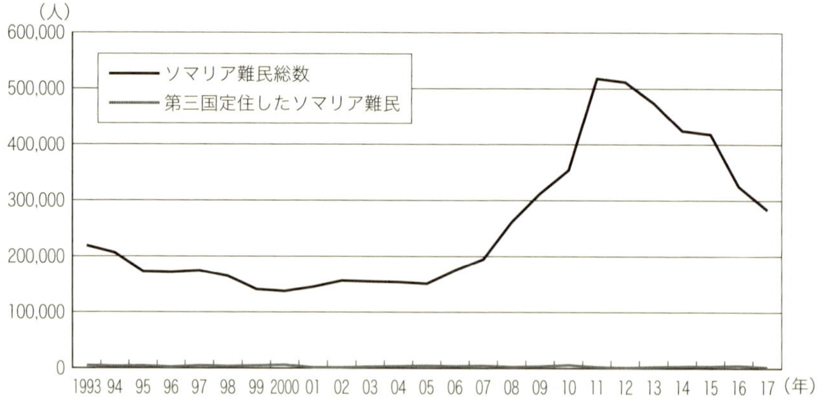

注：2017年は11月末までの数である。
出所：UNHCR, State of World Refugees 2000, 2004; UNHCR Statistical Year Book, 2005〜2015; UNHCR, 2006〜2016 から筆者作成。

によるケニアから第三国定住難民受入の割合は2011年から2015年までで約6〜7割，2016年は約8割である。図6-3のように，ケニアに住むソマリア難民のなかで第三国定住できるソマリア難民は限定されており，第三国定住がケニアの難民受入に伴う負担を軽減するために多大な貢献をしているとは言い難い。

5　第三国定住の問題

現在実施されている第三国定住は様々な問題に直面しているが，そのなかで最も深刻な問題は，第三国定住プログラムが最も脆弱な立場にある難民を保護するために機能していないことである。従来の第三国定住プログラムでは1991年もしくは1992年にケニアに来た長期滞留難民を優先的に第三国定住対象者として選別してきたが，近年は最も保護が必要な難民や脆弱な難民を優先させる方針をとっている。しかし現実には第三国定住の本来の趣旨とは異なる実態が明らかになっている。

第1に，緊急事態に伴う受入や特別な医療を必要とする難民の第三国定住を

受け入れている国はさほど多くない。アメリカ，カナダ，オーストラリアは，出発前の健康診断などの条件が厳格で，健康状態に関する条件を満たさない難民の受入を行っていない。

　第2に，先にみたように第三国定住の受入数は非常に限られており，ケニアにいる難民すべてのニーズを満たすことができない。そのため多くの難民は自らのコネクション，賄賂，難民のバックグラウンド（出身民族やクラン，安全状態，家族関係など）など様々な手段を駆使して，第三国定住を実現しようと試みる。例えば，シンディ・ホースト（Cindy Horst）の報告によると，モガディシュで家族とともに安全に暮らしていた少女は，UNHCRのスタッフと親密な関係にあり，ケニアで第三国定住の申請者として登録されていた。ホーストの情報提供者の1人であるイブラヒム・ヤシイン（Ibrahim Yasiin）は，第三国定住のケースは1人につき10万ケニア・シリングで売買されていると語った。逆にある女性は1998年にアメリカ大使館から第三国定住の対象者として選ばれたにもかかわらず，彼女のケースは秘密裏に他の人へ売り渡された。不服申し立てを行ったこの女性は脅迫され，彼女に与えられていた配給カードはキャンセルされた[88]。

　ケニアでは第三国定住にまつわる不正が日常的に行われていると言われているが，2001年には第三国定住に伴う収賄・汚職の一大スキャンダルが明るみになった。国連の内部調査を行ったフランク・モンティルによると，ナイロビにあるUNHCRの事務所では，事務所の敷地に入るために25ドル（8ポンド），面接をするために100～200ドルが要求され，多くの難民が1000～4000ポンドを支払うことを余儀なくされたと語っている[89]。2000年2月に第三国定住の申請を登録したBerhanuという男性は，第三国定住を実現するために3000ドルを支払うように求められたと証言した[90]。国連の内部調査では，書類の違法売買が1500～6000ドルで行われ，ある関係者は偽の第三国定住を約束し，2000～5000ドルを難民から詐取したと報告されている[91]。

　家族再統合のプログラムが不正に利用されるケースもある。この場合，ある家族が家族再統合対象となった家族から家族全員の枠を買うケースや，家族の一員になりすますケースがある。後者の場合，例えばアメリカにいるある人物

が10人の家族再統合を申請し，10人の家族のうち数名がおらず，そのケースが[92]インタビューへ進んだ場合，残りの人数の枠が他人へ売られたり，友人や親族に譲渡されたりする場合がある。ある小学校の教師は，ある少女がクラスメートの家族とともに第三国定住プログラムによってカナダへ移住したといったと証言している。ケース全体が売買される場合には，組織全体が腐敗している時に起こりやすい。[93]アメリカの国務省によると，ある家族が申請したケースでは，家族関係を示す虚偽の書類や偽造した身分証明書が提出され，[94]DNA テストで90％の DNA が家族としてマッチしなかった。[95]

　グループ申請の場合も問題が起きている。ケニアにいるバンツー系ソマリア難民を対象としたアメリカへの第三国定住が始まり，約3000人がアメリカへ移住した。バンツー系ソマリア難民の第三国定住が優先された背景には，ソマリアの歴史においてバンツー系の住民に対する低い社会的地位と差別，偏見などがあった。ソマリアが内戦状態に陥った後もバンツー系に対する襲撃が発生し，ケニアへ逃げてきたバンツー系の住民に対する迫害や人権侵害がケニアの難民キャンプでも続いた。[96]このような理由からバンツー系ソマリア難民の保護を優先する第三国定住プログラムが実施された。だがバンツー系ソマリア難民であることが第三国定住に有利な条件となると，バンツー系ソマリア人との（偽装）結婚や自らのアイデンティティを偽装して，第三国定住申請を行う人が増加した。同様に，母国もしくは難民キャンプで差別されているマイノリティのクランに所属する難民に焦点をあてた第三国定住プログラムが実施されている時には，第三国定住に有利なクランのメンバーとして第三国定住を申請する人が増えた。例えば，ダロッドの主要クラン出身者である難民がマイノリティのサブ・クラン出身であるとして，第三国定住の申請を行っていた。[97]

　第三国定住の対象者となる，「最も脆弱な立場に置かれている難民」という条件が利用されることもある。例えば，地元のならず者を雇い，射撃や放火をさせて治安の悪化や身の危険が起きていると主張する申請者がいたり，レイプや性的暴力がでっち上げられる場合もある。2006年にアメリカに第三国定住したソマリア人コミュニティのリーダーによると，彼が難民コミュニティのリーダー時に，保護を求める要請が1週間で平均5回ほどあったが，そのうち本当

に危険に直面していたケースは1ヶ月で1件ぐらいであったと言っている。難民の代表者，地方政府，警察，NGOから構成された委員会が行ったレイプに関する調査では22件の申し立てのうち19件が合意の下で行われた性交渉であったと報告している。[98]

「危険に晒されている女性（women at risk: WAR）」という枠組みも第三国定住のために悪用されることがある。例えば，第三国定住のチャンスを増やすために，ある女性は夫が死亡したと主張し，第三国定住プログラムでアメリカへ渡り，その後家族再統合のプログラムを利用して，家族の呼び寄せを考えていた。[99] あるソマリア難民の女性は1999年にケニアに来て，2005年に夫が失踪したと訴えた。夫の失踪は，夫が反政府武装組織に関与していると嫌疑をかけられ，夫が政府から迫害を受けていることと関連があり，夫がキリスト教徒で，自分がイスラム教徒であるため，難民キャンプでは自分の安全が脅かされていると主張した。この申し立てにより，この女性は第三国へ定住したが，その後失踪した夫は南アで「発見」され，国際赤十字による家族再統合プログラムにより家族は「再会」した。[100]

第三国定住の実施における第3の問題は，受入国の社会に統合できそうな難民が優先的に受け入れられる傾向が強いことである。例えば，フィンランドは，受入国への統合を第三国定住対象者の要件のなかに含めており，[101] アイルランドは「統合能力」を必須要件としていないものの，統合する意思があることを求めており，[102] デンマークは言語能力，教育，難民キャンプでの積極的な役割，職業経験などを重視している。[103] カナダは第三国定住難民受入の条件の1つとして，3～5年以内に経済的に自立し，カナダ社会へ適合できる能力があることを証明することを求めていた。そのため，カナダの第三国定住プログラムは世界各地に居住する難民集団のなかから最も優秀な難民を選別し，カナダ経済の発展に貢献する者を呼び寄せる人道の仮面をかぶった移民政策の一環であると非難されてきた。[104] 近年，カナダ移民・市民権省（CIC）は「カナダ社会へ適合できる能力」よりも「保護を必要とする者」の保護を優先した第三国定住を行っていると述べている。[105] だが，第三国定住の受入条件として「統合能力」を明示していない場合でも，現実には自らの状況を明確に主張できる難民が第三

国定住の対象となる確率が高いと言われている。オランダは最も脆弱な難民の第三国定住を受け入れるために難民キャンプへ使節団を派遣するが，その際，英語などの語学能力，職歴，リテラシー，キャンプ内でのリーダー的役割などの「統合能力」が選考する際の重要な指標として利用されていると言われている[106]。第三国定住対象者になるには，申請書類に記載し，自らの「脆弱性」を説明し，立証する必要があり，一定の教育や職歴があり，UNHRC や NGO 関係者との交流があり，リーダーシップがあるなど社会資本を有している人が有利な立場にあることは否めない。ケニア以外の事例でもより高い教育を受け，NGO の現地スタッフや難民キャンプのコミュニティ・リーダーを務めるなど，経験と権威とリーダーシップがある難民が第三国定住に申請し，第三国へ定住する割合が高いという結果が出ている[107]。

さらにケニア政府は第三国定住プログラムによる難民の出国において，ID カードの携帯を義務づけた。ID カードを入手するには難民登録をする必要があるが，近年政府は「難民隔離政策」を強化するために，ナイロビなどの都市にある難民登録施設をすべて閉鎖した。またケニアに逃れてきたソマリア人のなかには安全などの理由で庇護申請や難民登録を行わず，ID カードを取得できない場合もある[108]。このような状況に置かれている人々はより脆弱な立場に置かれており，より保護が必要である可能性が高いが，ID カードを所持していないために第三国定住の機会が閉ざされている。

ケニアに居住するソマリア難民にとって，第三国定住が唯一可能な恒久的解決であるにもかかわらず，第三国定住の受入数は少ない。すべての難民が不正行為に加担しているわけではないが，しばしば制度が悪用されている。そのため，最も脆弱な状態であり，第三国定住が必要な人が第三国定住することが難しい状況である。第三国定住が UNHCR や受入国担当者の裁量によって選別される現状では，第三国定住の対象となる機会が公明かつ公正に開かれていない。厳格な法的手続きや審査制度を整備するとともに，第三国定住受入に対する不服申し立てや再審査請求などの制度化も検討する必要があるかもしれない[109]。

おわりに

　1991年にシアド・バーレ政権が崩壊し、それ以後ソマリアには現在に至るまで全土を実効的に支配している中央政府は存在しない。ソマリアでは事実上3つの政治体が存在し、北西部の「ソマリランド」と北東部のプントランドの治安は比較的安定しているが、中・南部の治安では徐々に回復しているものの、依然として戦闘やテロが発生しており、多くの人々が難民・国内避難民となっている。

　難民問題には3つの恒久的解決策（自発的帰還、第一次庇護国定住、第三国定住）がある。しかし、ケニアに住む多くのソマリア難民にとってソマリアはいまだに安心して帰還できる状態ではない。ソマリランドの場合はイサック、プントランドの場合は、ダロッドがマジョリティを占める社会が形成されているため、異なるクランのメンバーがこれらの地域へ帰還することは難しい。庇護国定住に関しては、歴史的、政治的、安全保障上の理由からケニア政府は「難民隔離政策」を行っている。旧北東州やナイロビではソマリ系ケニア人とソマリア難民との経済、社会的交流はあるものの、難民が市民権を獲得したり、帰化をすることはほぼ不可能で、法的に庇護国へ統合されることは難しい。

　以上の点から第三国定住は唯一実現する可能性がある恒久的解決策とソマリア難民にみなされている。しかし第三国定住受入数は限定されており、すべてのソマリア難民の要望に応えることは不可能である。多くの難民は、第三国定住に有利な条件を学習し、金銭、社会的ネットワーク、自らの出自やアイデンティティの偽装など様々な手段を駆使して、第三国定住を実現しようとしている。その結果、最も脆弱な状況に置かれている難民を保護するという機能を第三国定住が果たすことが難しい。

　ケニアの事例から明らかなように、第三国定住受入数の問題だけでなく、第三国定住の対象となる難民の選定、審査手続きや機会の平等の公正性の確保など物理的負担分担には考慮すべき課題が多々ある。第三国定住は受入国側の意向が非常に強く反映されており、現在の物理的負担分担をより公平で公正な制

第2部　事例研究

度として形成するには受入国のコミットメントが必要である。次の**第7章**では，アメリカに次ぐ「第三国定住受入大国」であるカナダの事例から，どのような政治，社会，経済的要因から第三国定住政策が実施されているのかを考察したい。

注
1) UNHCR, Refugee Resettlement Trends 2015, p.21.
2) UNCR, Resettlement Fact Sheet 2016, http://www.unhcr.org/59364f887 (accessed 18 December 2017).
3) UNHCR, Resettlement Data, http://www.unhcr.org/resettlement-data.html (accessed 21 December 2017).
4) ケニアは UNHCR によって申請される第三国定住申請者数が多い国の1つであり，2010年から2014年まで常に上位5位以内にランクインしている。UNHCR, Refugee Resettlement Trends 2015, p.26.
5) UNHCR, Statistical Yearbook 2011, April 2013, p.61.
6) *Ibid.*, p.70, 79.
7) UNHCR, Statistical Summary as of 30 Nov 2017, Refugees and Asylum Seekers in Kenya.
8) UNHCR Statistical Yearbook 2012 によると2012年末の時点でケニアの難民貢献指数は GDP 比で3位，人口比で12位，面積比で14位であり，UNHCR Global Trends 2013 によると受入数は2013年末の時点で世界第6位であった。
9) 2010年憲法制定とともに導入された地方分権制では，地方行政区分として47のカウンティ（county）が設けられた。ケニア独立後，NFD は北東部州となり，現在の行政区分では6つのカウンティ（マンデラ，ワジア，ガリッサ，マサビット，イシオロ，タナ・リバーの一部）が該当する。
10) Jennifer Hyndman, *Managing Displacement: Refugees and the Politics of Humanitarianism*, University of Minnesota Press, 2000, p.51.
11) UNHCR, Statistical Year Book 2001, p.93.
12) 遠藤貢『崩壊国家と国際安全保障——ソマリアにみる新たな国家像の誕生』有斐閣，2015年，69〜84頁。
13) UNHCR, Statistical Year Book 2011, p.79, 150.
14) UNHCR, Operational Portal, Refugee Situations, https://data2.unhcr.org/en/situations/horn (accessed 15 Dec 2017).
15) UNHCR, Statistical Summary as of 30 Nov 2017, Refugees and Asylum Seekers in Kenya, https://reliefweb.int/sites/reliefweb.int/files/resources/Kenya%20statistics%20package%20-%20November_2017.pdf (accessed 15 Dec 2017).
16) ただし，ソマリア政府関係者，軍関係者の庇護申請は受け入れていた。

17) ケニア政府は1963年に北東州に対して非常事態宣言を発令し,北東州への移動,北東州からの移動を禁止した。
18) ケニアは1969年に事実上ケニア・アフリカ民族同盟(KANU)の一党制に移行したが,憲法上で一党制になったのは1982年である。
19) Hans Peter Schmitz, "Transitional Activism and Political Change in Kenya and Uganda," in Thomas Risee, Stephen C. Ropp and Kathryn Sikkink eds., *The Power of Human Rights: International Norms and Domestic Change*, Cambridge University Press, 1999, pp. 50-61.
20) James H. S. Milner, *Refugees, the State and the Politics of Asylum in Africa*, Palgrave Macmillan, 2009, p. 104.
21) Jennifer Hyndman and Bo Victor Nylund, "UNHCR and the Status of Prima Facie Refugees in Kenya," *International Journal of Refugee Law*, Vol. 10, No. 1-2, 1998, p. 24.
22) Cassandra R. Veney, *Forced Migration in Africa: Democratization, Structural Adjustment, and Refugees*, Palgrave Macmillan, 2007, pp. 97-99.
23) Kagwanja and Juma, "Somali Refugees: Protracted Exile and Shifting Security Frontiers", in Gil Loescher and etc. eds., *Protracted Refugee Situations: Political, Human Rights and Security Implications*, United Nations University Press, pp. 222-223.
24) 1970年代から1980年代にかけてウガンダ難民に ID カードが付与されたが,1990年代に ID カードは廃止された。
25) Momanyi Bernard, "Kenya wants Camps inside Somalia for Refugees," 2011, http://kenyauptodate.blogspot.com/2011/04/kenya-wants-camps-inside-somalia-for.html (as of April 25 2011).
26) Howard Adelman and Awa M. Abdi, "How long is too long? Durable Solutions for the Dadaab Refugees," Report prepared for CARE Canada, Toronto, Centre for Refugee Studies, York University, 2003.
27) Refugee Consortium of Kenya, "Refugee Movement in Kenya," *Forced Migration Review*, 16, 2003, pp. 17-18.
28) ケニアでは2007年12月27日に行われた大統領選挙の結果に対して不満を抱く人々が治安部隊と衝突し,暴動はケニア全土へ拡大した。この騒乱を収束させるため,アフリカ連合の要請を受けたコフィ・アナン(Kofi Annan)は「賢人委員会」を構成し,大統領選挙の対立候補であったキバキ,オディンガ両陣営の調停を行った。両陣営は,権力分有による連立政権樹立に合意し,2008年4月にキバキ大統領とオディンガ首相による連立政権が発足した。
29) Dave Opiyo, "Ojodeh, Raila Differ over Border Reopening", *Daily Nation*, 20 July 2011, http://www.nation.co.ke/news/Ojodeh-and-Raila-differ-over-border-reopening-/1056-1205054-7r1nhl/index.html (accessed 20 May 2017).
30) UNHCR, "UNHCR Welcomes Kenya High Court Decision on Urban Refugee Rights", Briefing Notes, 30 July 2013, http://www.unhcr.org/51f79abd9.html
31) Tripartite Agreement between the Government of the Republic of Kenya, the

Government of Federal Republic of Somali, and the United Nations High Commissioner for Refugees, Governing the Voluntary Repatriation of Somali Refugees living in Kenya, 2013, http://www.refworld.org/pdfid/5285e0294.pdf

32) Amnesty International, *Nowhere Else to Go: Forced Return of Somali Refugees from Dadaab Refugee Camp, Kenya*, 2016.

33) UNHCR, Framework Document for the Comprehensive Plan of Action (CPA) for Somali Refugees, 2005, p. 7.

34) Zakariye M. Mohamed Odowa,"TFG-AMISOM Seize Remaining Areas of Mogadishu", Somalia Report, March 16, 2012, http://www.somaliareport.com/index.php/post/3086/TFG-AMISOM_Seize_Remaining_Areas_of_Mogadishu

35) Somali Current, "Puntland and Somaliland Disputes over Territory", 6 April 2014, http://www.somalicurrent.com/2014/04/06/puntland-and-somaliland-disputes-over-territory/

36) Tripartite Agreement between the Government of the Republic of Kenya, the Government of Federal Republic of Somali, and the United Nations High Commissioner for Refugees, Governing the Voluntary Repatriation of Somali Refugees living in Kenya, 2013.

37) UNHCR, Statistical Summary as of 30 Nov 2017, Refugees and Asylum Seekers in Kenya.

38) IRIN, "How Safe is Going Home to Somalia?", 28 November 2013, http://www.irinnews.org/report/99219/how-safe-is-going-home-to-somalia

39) Human Rights Watch, *"Here, Rape is Normal": A Five-Point Plan to Curtail Sexual Violence in Somalia*, 2014, http://www.hrw.org/sites/default/files/reports/somalia0214_ForUpload.pdf

40) UNOCHA, "Humanitarian Impact of Military Operation", OCHA Flash Update, 7 April 2014, http://reliefweb.int/report/somalia/somalia-ocha-flash-update-4-humanitarian-impact-military-operation-7-april-2014

41) Somali Current, "AMISOM Urges End to Harassment of Somali Refugees", May 16, 2014, http://www.somalicurrent.com/2014/05/16/amisom-urges-end-to-harassment-of-somali-refugees/

42) Muhyadin Ahmed Roble, "Somalia Warns Kenyan Refugee Expulsion will Lead to 'Chaos and Anarchy'", Inter Press Service, May 27, 2014, http://www.ipsnews.net/2014/05/somalia-says-kenyan-refugee-expulsion-will-lead-chaos-anarchy/

43) Anna Lindley, "Between A Protracted and A Crisis Situation: Policy Responses to Somali Refugees in Kenya", *Refugee Survey Quarterly*, Vol. 30, Issue 4, 2011, p. 15.

44) ディヤは共通の祖先に基づいて形成される日常生活の単位で、同じディヤに属するメンバーは連帯責任と相互扶助の義務を有する。

45) 以下参照。杉木明子「アフリカにおける強制移動民と『混合移動』」『国際問題』No. 662（2017年6月）、2017年。

第6章　第三国定住と難民保護の現実

46) ただし，バンツー系ソマリア人を除く。
47) Veney, *op.cit.*, pp.116-122.
48) Kagwanja and Juma, *op.cit*, p.224.
49) David Mwere and Dominic Wabala, "Kenya: Westgate Attack was Planned in Refugee Camp", *The Star*, 18 October 2013, http://allafrica.com/stories/201310190043.html
50) Kathi Austin, "Armed Refugee Camps as a Microcosm of the Link between Arms Availability and Insecurity," Draft Case Study for Discussion, SSRS Workshop on International Law and Small Arms Proliferation, Washington DC, 2002.
51) Adelman and Abdi, *op.cit.*
52) Refugee Consortium of Kenya, *op.cit.*, pp.17-18.
53) I. M. Lewis, "Pan-Africanism and Pan-Somalism," *Journal of Modern African Studies*, Vol.1, No.2, 1963, p.149.
54) *Ibid.*, p.158.
55) Africa Watch, *Kenya: Taking Libertie*s, Africa Watch, 1991, pp.273-277.
56) Arye Oded, *Islam and Politics in Kenya*, Lynne Rienner Publisher, 2000, pp.11-19.
57) ロゴはモンバサに拠点を置き，AHFからの資金を使用して，アルカイダのケニアにおける襲撃事件を支援したと言われている。2003年にロゴはパラダイスホテルとArakia航空の攻撃に共謀した容疑で逮捕されたが，2005年6月の裁判で無罪となり，釈放された。その後もロゴはアッシャバーブのリクルートに関わり，2012年8月末に殺害されるまで，イスラームの急進的イデオロギーの拡散に大きな影響力を持っていた。
58) 彼はインド系ケニア人で，インターネットを通じで反米，グローバル・ジハードを呼びかけ，彼の発言の一部はケニアのアッシャバーブのスローガンとして求心力を有していた。彼とアルカイダの関係は推測レベルにとどまってるが，アルカイダを支持し，イエメンのHaramuthにおけるリクルートに関与したと言われている。ケニア内にアッシャバーブのリクルーターを入国させ，訓練した容疑がかけられ，2012年に起訴された。イエメンのシークであるShykh al-Bashir of Sheherと共謀し，カーンはリクルーターを集め，ケニアへ訓練のために6名のイエメン人と1名のパキスタン人を密航させたと言われている。カーンは，その後死体で発見され，この殺人は反政府感情を悪化させるものとなった（誰が彼を殺したかは定かでない）。
59) Stig Jarle Hanse, *Al-Shabaab in Somalia: The History and Ideology of A Militant Islamist Group, 2005-2012*, Hurst, 2013, p.216.
60) Pal Cruickshank and Tim Lister, "Al-Shabaab Breaks New Grounds with Complex Nairobi Attack", CNN, September 23 2013, http://edition.cnn.com/2013/09/22/world/meast/kenya-mall-al-shabaab-analysis/
61) See, Ben Rawlence, *City of Thorns: Nine Lives in the World's Largest Refugee Camps*, Portobello, 2016.
62) See, UNHCR Resettlement Handbook 2011, Chapter 7, http://www.unhcr.org/3d464ee37.html

第 2 部　事 例 研 究

63) UNHCR Resettlement Handbook Country Chapters, Denmark, July 2011, Overview Updated 2013, http://www.unhcr.org/3c5e57b07.html
64) UNHCR Resettlement Handbook Country Chapters, Norway, July 2011, Revised August 2014, http://www.unhcr.org/3c5e59835.html
65) UNHCR Resettlement Handbook Country Chapters, Sweden, July 2011, Revised June 2013, http://www.unhcr.org/3c5e5a219.html
66) UNHCR Resettlement Handbook Country Chapters, Finland, July 2011, Revised 2013, http://www.unhcr.org/3c5e57f07.html
67) UNHCR Resettlement Handbook Country Chapters, Netherlands, July 2011, Revised July 2014, http://www.unhcr.org/3c5e5925a.html
68) UNHCR Resettlement Handbook Country Chapters, Australia, July 2011, Revised 2013, http://www.unhcr.org/3c5e542d4.html; UNHCR Resettlement Handbook Country Chapters, New Zealand, July 2011, Revised September 2013, http://www.unhcr.org/3c5e59d04.html; UNHCR Resettlement Handbook Country Chapters, United States of America, July 2011, Revised June 2013, http://www.unhcr.org/3c5e5a764.html. アメリカの家族再統合プログラムは2012年10月から DNA テストの導入により再開した。ただし、2013年6月の時点で家族再統合の枠組みで第三国定住が可能な難民の出身国はソマリアを含む18ヶ国に限定されていた。
69) UNHCR Resettlement Handbook Country Chapters, United States of America, July 2011, Revised June 2013, http://www.unhcr.org/3c5e5a764.html; UNHCR Resettlement Handbook Country Chapters, Canada, July 2011, Revised June 2013, http://www.unhcr.org/3c5e55594.html; UNHCR Resettlement Handbook Country Chapters, Australia, July 2011, Revised 2013.
70) UNHCR Resettlement Handbook Country Chapters, United States of America, July 2011, Revised June 2013.
71) European Council on Refugees and Exiles (ECRE) and the US Committee for Refugees (USCR), Responding to the Asylum and Access Challenge: An Agenda for Comprehensive Engagement in Protracted Refugee Situations, August 2003, p. 77.
72) UNOIOS, "Report of the Office of Internal Oversight Services on the investigation into allegations of refugee smuggling at the Nairobi Branch Office of the Office of the United Nations High Commissioner for Refugees," 21 December 2001, UN Doc. A/56/733 (accessed on-line: http://www.un.org/Depts/oios/reports/a56_733.pdf).
73) David A. Martin, "A New Era for U.S. Refugee Resettlement", *Columbia Human Rights Law Review*, Vol. 36, 2005, pp. 318-319.
74) UNHCR, Global Resettlement Statistical Report 2011, p. 13, http://www.unhcr.org/cgi-bin/texis/vtx/home/opendocPDFViewer.html?docid=51dd50339&query=global%20resettlement%20statistical%20report
75) UNHCR, Global Resettlement Statistical Report 2012, p. 12, http://www.unhcr.org/52693bd09.pdf

第 6 章　第三国定住と難民保護の現実

76) UNHCR, Projected Global Resettlement Needs 2017, p. 63.
77) UNHCR, Statistical Summary as of 31 March 2017, Refugees and Asylum Seekers in Kenya.
78) UNHCR, Projected Global Resettlement Needs 2014, p. 24.
79) UNHCR, Kenya Somali Refugees, update as of 29 January 2014, p. 5.
80) UNHCR, Projected Global Resettlement Needs 2014, p. 24.
81) UNHCR, Kenya Somali Refugees, update as of 29 January 2014, p. 7.
82) UNHCR, Statistical Summary as of 31 March 2017, Refugees and Asylum Seekers in Kenya.
83) Mould Hujale, "Trump Travel Ban Devastating for Somali Refugees Cleared for New Life in US", *The Guardian*, 14 March 2017, https://www.theguardian.com/global-development/2017/mar/14/trump-travel-ban-devastating-for-somali-refugees-cleared-for-new-life-in-us-kenya-dadaab
84) Sabrina Siddiqui, "Trump ends Refugee Ban with Order to review program for 11 countries", *The Guardian*, 25 October, 2017, https://www.theguardian.com/us-news/2017/oct/24/trump-refugee-ban-end-immigration-executive-order
85) UNHCR, Statistical Summary as of 31 March 2017, Refugees and Asylum Seekers in Kenya.
86) Lindley, *op. cit.*, p. 45.
87) UNHCR, Kenya Somali Refugees, update as of 29 January 2014, p. 5.
88) Cindy Horst, *Transnational Nomads: How Somalis Cope with Refugee Life in the Dadaab Refugee Camps of Kenya*, Berghahan Books, 2006, p. 191.
89) James Astill, "UN Staff Ran Refugee Extortion Racket", *The Guardian*, 26 January 2002.
90) Peter Browne, *The Longest Journey: Resettling Refugees From Africa*, UNSW Press, 2006, p. 84.
91) Report of the Office of Internal Oversight Services on the investigation into allegations of refugee smuggling at the Nairobi Branch Office of the Office of the United Nations High Commissioner for Refugees, p. 5, 8.
92) 例えば，ある者はソマリアにおり，ある者はすでに死亡し，ある者はすでにアメリカにいるなどといった場合がある。
93) Horst, *op. cit.*, p. 191.
94) Don Barnett, "Out of Africa: Somali Bantu and the Paradigm Shift in Refugee Resettlement", Backgrounder, October 2003, p. 8.
95) Don Barnett, "Refugee Resettlement: A System Badly in Need of Review", Backgrounder, Center for Immigration Studies, May 2011, p. 2.
96) Yda J. Smith, "Resettlement of Somali Bantu Refugees in an Era of Economic Globalization", *Journal of Refugee Studies*, Vol. 26, No. 3, 2012, pp. 478-482.
97) Bram J. Jansen, "Between Vulnerability and Assertiveness: Negotiating Resettlement

第2部　事例研究

　　　 in Kakuma Refugee Camp, Kenya", pp. 578-579.
98)　*Ibid*., p. 581.
99)　Horst, *op.cit*., pp. 196-197.
100)　Jansen, *op.cit*., p. 589.
101)　UNHCR Resettlement Handbook, Country Chapters, Finland, July 2011, revised 2013, http://www.unhcr.org/3c5e57f07.html
102)　UNHCR Resettlement Handbook, Country Chapters, Ireland, July 2011, revised June 2013, http://www.unhcr.org/3cac29da4.html
103)　UNHCR Resettlement Handbook, Country Chapters, Denmark, July 2011, Overview updated 2013, http://www.unhcr.org/3c5e57b07.html
104)　阿部浩己「カナダの移民・難民法制：在外研究覚書2005」『神奈川法学』第37巻第2・3号，50〜51（335〜336）頁。
105)　CIC, Operation Manual, OP5, Oversea Selection and Processing of Convention Refugee Abroad Class and Members of the Humanitarian-Protected Persons Class, 2009-08-13, p. 13, http://www.cic.gc.ca/english/resources/manuals/op/op05-eng.pdf
106)　Jansen, *op.cit.*, pp. 584-585.
107)　Benjamin Harkins, "Desk Review of the Resettlement Programme", in Benjamin Harkins and Supang Chantavanich eds., *Resettlement of Displaced Persons on the Thai-Myanmar Border*, Springer, 2014, pp. 32-33.
108)　これに関しては，以下参照。杉木明子「サハラ以南アフリカの難民と定住化―ウガンダの事例から」小倉充夫・駒井洋編著『ブラック・ディアスポラ』明石書店，2011年。
109)　例えば，カナダの場合，第三国定住不認定に対して限定的な司法審査を通して異議申し立てをすることができる。これは第三国定住は行政処分であることから手続き的保護が適用されるためであり，第三国定住の申請に対してヴィザ・オフィサーは公正に判断を行う義務がある。もし第三国定住の審査手続きに誤りがあれば，連邦裁判所はケースを差し戻すことになる。ただし，これは第三国定住申請手続きに問題がある場合に限定されている。

第7章　国際的難民保護の「物理的負担分担」と
　　　　第三国定住受入国の動向

カナダの事例から

はじめに

　2016年12月，カナダのジャスティン・トルドー首相は，1年前，自らトロントのピアソン国際空港で出迎えた163名のシリア難民のうち数名とトロント市内にあるレストランで再会し，涙を流している様子がメディアで放映された[1]。シリア難民163名は，トルドー首相がカナダは第三国定住の枠組みでシリア難民2万5000人を受け入れると表明し，到着した第1陣であった。トルドー首相は涙ながらに，「すべてのカナダ人を代表してここに来て，あなたたちを迎えることはとても重要なことです。あなたやあなたの娘さんが空港で私の方に歩いてくる姿をみた時，私は国家としてどのようなことができるか，この国が支援しようとしていることに対して私が何ができるかを理解したのです」と語り，その人道的な姿勢は，難民や難民の受入を支持している人々に感銘を与えた[2]。カナダは2016年だけで過去最大の4万6700人の第三国定住難民を受け入れた。この数は前年と比べると133％の増加率であり，カナダの寛大な第三国定住受入政策は UNHCR などからも高く評価されている[3]。2017年1月にアメリカではトランプ政権が誕生し，難民の受入を一時停止する大統領令を発表するなか，トルドー首相はカナダは難民に対して開放的な政策を継続すると表明した[4]。

　しかし，トルドー首相の難民政策をめぐる一連の発言は批判にさらされている。その要因の1つが，2017年以降，アメリカから陸路でカナダへ移動し，庇護申請を行う人が急増していることである。その数は2017年初めから8月まで

の時点で，1万1300人以上に及んでおり，アメリカから来た庇護希望者が多く滞在しているカナダの国境付近の街では対応に苦慮している。後で述べるように，カナダはアメリカと「安全な第三国協定（Safe Third Country Agreement）」を結んでおり，陸路でアメリカを通過してカナダに来た庇護希望者はカナダで庇護申請をすることはできない。カナダの難民受入に慎重な立場をとる人々は，トルドー首相の発言は誤ったメッセージを与え，カナダの難民制度は破綻すると非難し，積極的な難民受入を支持する人々は，現在の難民受入の障害の1つとなっている第三国協定の廃止を求めている。またカナダは第三国定住受入を増やすことを表明しているが，対外的に発信している寛大なメッセージと実際の第三国定住による受入は乖離している。

現在，カナダには2つの難民受入制度がある。第1はカナダに到着し，庇護申請した人を審査し，難民の認定（および不認定）を行う「国内保護制度（Inland Protection）」である。第2は「国外保護制度（Oversea Protection）」と呼ばれ，カナダ国外にいる難民を受け入れる第三国定住受入制度である。カナダは1995年から2004年までの間，24万462人の難民を受け入れ，1990年から1999年までの難民認定率は平均52.1％で，先進国のなかでデンマークに次ぎ第2位であった。また，カナダは，アメリカ，オーストラリアとともに常に上位3ヶ国にランクインしている第三国定住受入国である。カナダは UNHCR に対する主要援助供与国でもあり，2009〜2012年は拠出金額で上位10ヶ国にランクインし，カナダ国際開発機構（Canada International Development Agency: CIDA）を通じて様々な UNHCR の難民支援プログラムを援助してきた。このような実績からカナダは世界有数の「人道主義大国」，「難民受入大国」と称され，1986年には難民保護に対する功績をたたえるナンセン・メダルが UNHCR からカナダ国民へ授与された。過去の功績から，カナダな難民に寛大な国であるというイメージが強い。

だが，現実にはカナダでもこれまでに難民の受入を制限する諸制度が形成されている。現在の難民制度の根幹となるのが，2001年に制定された「移民・難民保護法（Immigration and Refugee Protection Act: IRPA）」である。IRPA では難民申請資格審査が導入され，2002年12月にはカナダはアメリカと「安全な第三

国協定」を締結し,2004年12月に発効するなど,次第に難民の受入を制限する制度が形成されてきた。[12] さらにスティーブン・ハーパー政権時代（2006～2015年）には一連の難民法改正によって,いわゆる「難民封じ込め」政策が強化されてきた。そこで本章では,トルドー政権が発足する2015年以前のカナダの難民政策に焦点をあて,カナダの第三国定住の実態を考察する。ここで注目したいのは,ハーパー政権は,カナダ政府は庇護申請の条件を厳しくするなど難民の受入を抑止しようとしているなかで,第三国定住難民の受入に積極的な方針を示したことである。例えば,2011年12月,市民権・移民省（Citizenship and Immigration Canada: CIC）の大臣であったケニーは「カナダは現在の第三国定住受入枠を20％拡大し,第三国定住難民受入数を増やす」と発表し,[13] その後も第三国定住難民の受入数の増加を表明していた。本章ではカナダの事例から,国家が物理的負担分担に関与する動機を分析することで,物理的負担分担をより推進し,国際的な難民保護を実現するための方策を検討したい。

1 カナダにおける難民政策の変遷

　政治,宗教,思想等の理由により迫害され,移動を余儀なくされた人を「難民」とするならば,カナダの難民受入は18世紀に遡る。1775年から84年にかけて繰り広げられたアメリカ独立戦争時に,カナダにやってきたイギリス王党派（British loyalist）が最初の「難民」であると言われている。それ以後,カナダは多くの「難民」を受け入れてきた。[14] しかし,歴史的にみると,カナダは必ずしも基本的人権等の国際的規範に合致した難民政策を行ってきたわけではなかった。カナダの出入国管理・移民政策は1960年代まで人種差別的な側面がみられ,1951年難民条約と1967年難民議定書にカナダが加入したのは1969年のことであった。また1976年移民法が制定されるまで,難民の受入は移民政策の一環として経済問題を配慮して策定されてきた。本節では第二次世界大戦以降のカナダの難民政策を便宜的に4期（①1945～1969年,②1969～1978年,③1978～2002年,④2002年以降）に大別し,概観する。

（1） 第1期（1945〜1969年）

　第二次世界大戦終了後から1969年まで，カナダ政府は移民政策の一環として難民を受け入れてきた。当時，カナダでは不足する熟練労働者を補うためヨーロッパから移民や難民を受け入れ，労働力を補充することが考えられており，移民政策は経済政策と連動していた。1947年，連邦政府首相マッケンジー・キングは移民政策の基本方針として，①人口の増大，②経済発展による生活水準の向上，③選択的移民の実施，④経済の吸収力の考慮，⑤内政の一環（議会の管理権限），⑥カナダ社会の基本的特徴の維持（東洋系移民の制限）という，6つの原則を掲げていた。1946年から62年にかけて，カナダは3つの方法（親族によるスポンサーシップ，政府または宗教団体によるスポンサーシップ，契約労働）を通じて難民を受け入れた。特定の産業（林業，鉱業，農業など）での労働力不足を補うため，多くの難民は契約労働者として受け入れられた。例えば，1946年にイギリスやイタリアにいた約3000人のポーランド人元兵士をカナダ政府は1年契約の農場労働者として受け入れた。

　他方，ヨーロッパの戦後復興に関連した懸案事項の1つであったナチス・ドイツ占領下の東方地域から移動してきた「避難民」の受入に関しては，カナダは消極的であった。1947年に設立された国際難民機関（International Refugee Organization: IRO）は，出身国への帰還を希望しない「避難民」，枢軸国の犠牲者，戦争孤児，強制収容所へ連行された者を IRO の「保護対象者」とし，各国の支援を求めていた。しかし，IRO の「保護対象者」の約20％がユダヤ人であったため，カナダは IRO の「保護対象者」の受入に積極的ではなかった。国内のエスニック集団，宗教団体などのロビー活動などにより，1947年に出された枢密院令でカナダは5万人ヨーロッパの避難民を受け入れることを決定した。しかし当時のカナダでは人種差別的な移民政策が実施されており，ドイツとオーストリアで「避難民」の審査を行った移民担当官は，潜在的な経済力，エスニシティ，思想に基づき，「避難民」を選別し，共産主義者やユダヤ人の受入を拒否した。

　1950年代以降，カナダは難民の受入を拡大した。ヨーロッパの避難民問題に対する国際協力の一環として，カナダは1950年代半ばに2万3000人の無国籍者

を移民として受け入れた。さらに1956年10月のハンガリー動乱によってオーストリアやユーゴスラヴィアなどに避難していた約20万人のハンガリー難民のうち、約3万7000人をカナダ政府は1956年10月から1年間受け入れた。カナダが行った迅速かつ寛大なハンガリー難民受入は国際的に評価された。だが、カナダが難民の受入に積極的な姿勢を示したのは、単なる人道主義に基づく「博愛精神」からだけではない。収容キャンプで長年に渡り身体的、精神的にダメージを受けていた「避難民」と異なり、ハンガリー難民の大半が45歳以下で、9歳から29歳の年齢層が多く、3分の2がキリスト教徒（ユダヤ人は全体の5分の1）であった。そのため、カナダ政府はハンガリー難民を工業やサービス・セクターで不足する労働力を補充する「望ましい難民」と考えたのであった。[20]

　1960年代になると、カナダ政府は難民の受入基準を緩和した。国連がヨーロッパのキャンプに残留していた「避難民」の再定住を促進するために1960～61年を世界難民年とし、各国へ協力を呼びかけると、カナダは難民受入基準として設定されていた年齢と職業に関する条件を削除した。健康および性格に関する規定は残されていたが、特例として結核感染者の難民を受け入れ、300名の結核患者とその扶養家族526名を受け入れた。[21] 1962年2月に立法化された移民法細則により人種差別条項が撤廃され、1967年に枢密院令でポイント制が導入されるなど移民政策に大幅な変更がみられた。[22] しかし、1962年から67年にかけてカナダが受け入れた難民は約2000人で、その大半がヨーロッパ出身者であった。1968年8月にソ連軍主導のワルシャワ条約機構軍がチェコスロバキアへ軍事介入し、大量の難民が発生すると、同年9月に人的資源移民省（Department of Manpower and Immigration）はチェコ難民が多く滞在しているウィーンへ担当官を派遣し、1969年末までに約1万2000人のチェコ難民を受け入れた。[23] カナダに来たチェコ難民の約3分の1は、高度な技術を持つ熟練労働者やビジネスマンであった。この時期にヨーロッパ域外から受け入れた唯一の例外は、1962年に中華人民共和国から香港へ避難していた中国人の100世帯を受け入れたことであった。これらの人々の受入にあたって、教育や職歴を考慮した審査が行われ、庇護希望者はカナダでの就労の見込みを示す必要があった。[24] このように、1960年代末までカナダの難民政策は人種差別・排他的な要素

が顕著であり，難民の受入は選別的であった。

(2) 第2期 (1969〜1978年)

カナダは1969年に一連の国際難民条約に加入した。カナダは UNHCR の主要ドナーの1ヶ国であり，UNHCR 執行委員会のメンバーでありながら，国際難民条約に加入しなかったのは，王立カナダ騎馬警察（Royal Canadian Mounted Police: RCMP）[25]が安全保障の観点から庇護希望者，庇護申請者，難民の強制送還が国際難民条約に加入することで制限されることを危惧していたからであった。[26]

1970年代以降，カナダではヨーロッパ域外から来た難民が増加した。例えば，カナダは1970年から71年にかけてインドに滞在していたチベット難民226名を受け入れた。1972年にウガンダのアミン大統領が英国パスポートを所持しているアジア系住民を追放し，イギリス政府がウガンダから追放された住民の支援を呼びかけると，1972年8月にピエール・トルドー首相はウガンダ難民受入を表明し，1973年末までに5000人以上のアジア系ウガンダ人がカナダに到着した。[27]

だが，この時期も人道的な難民政策が一環して実施されてきたわけではない。1973年9月11日，チリのアジェンデ大統領が軍事クーデターで追放され，政権を掌握したピノチャト大統領がアンジェンデ政権支持者を弾圧すると，多くの人々が近隣諸国へ避難した。チリでクーデターが発生した直後から，カナダでは教会，人権団体，労働組合，NGO，南米系のコミュニティ・グループなどが政府にチリ難民の受入を要請したが，カナダ政府の対応は遅かった。アメリカがチリの新政府を支援していたことと，共産主義者がカナダに居住することを警戒したカナダ政府は，徹底的な身元の確認の必要性，通訳の不足，移民基準などを理由として，チリ難民の受入を引き延ばした。その結果，クーデター発生後6ヶ月間で発給されたヴィザは780件に過ぎず，カナダが受け入れたチリ難民の数は欧米諸国のなかで最も少なかった。最終的にカナダは6990名のチリ難民を受け入れたが，チリ人の庇護希望者に対するカナダ政府の冷淡な対応は野党や民間団体からだけでなく，与党内からも非難された。[28]

（3） 第3期（1978〜2002年）

　第3期は，1976年移民法が施行された1978年から2002年までで，カナダの難民政策が大きく変化した時期である。1976年移民法において，単身移民，家族移民とともに，難民が移民受入枠の1つとなった。またカナダ史上初めて難民の受入が「国際的な義務」として法的に認知され，難民認定手続きが制度化された。[29] この時期に難民の受入に関する3つのプログラム（国内保護プロセス，政府または民間団体のスポンサーシップによる第三国定住，特定の出身国を対象とした特別プログラム）が設けられた。[30]

　しかし，1976年移民法の難民認定制度には問題もみられた。カナダ国内で庇護申請を行う場合，難民認定手続きは以下のように行われることになっていた。

① 移民の地位申請者が通関港で入国を拒否，またはカナダでの在留期間を経過した時に移民の地位に関する審問が始まる。この段階では，申請者は出国命令，強制退去命令の対象となる。
② その者が庇護申請をした場合，申請者は上級移民担当官のインタビューを受ける。上級移民担当官は，インタビュー内容の写しを，難民の地位勧告委員会（Refugee Status Advisory Committee: RSAC）へ送り，RSAC は申請書類を審査した上で，難民認定の可否に関する勧告を雇用・移民大臣へ送る。インタビューの写しは雇用・移民大臣へ送られ，雇用・移民大臣は，最終的に難民の地位に関する決定を行う。
③ RSAC が申請を拒否した場合は，本件は特別再審査委員会（Special Review Committee）へ送られ，そこで人道的見地からカナダの在留を認めるか，否かを判断する。
④ 当該大臣から申請が拒否された者，または特別再審査委員会で申請が拒否された者は，移民控訴委員会（Immigration Appeal Board: IAB）へ申し立てを行うことができる。IAB が申請を拒否した場合，法律問題に限り，カナダ連邦裁判所の控訴部へ訴えることができる。
⑤ 難民の地位が認められた者は，上陸移民（landed immigrants）として永

住権（permanent resident）が与えられる。[31]

　上記の制度では難民審査のプロセスが不透明で，難民審査を行う機関が独立しておらず，申請者に対する十分な事情聴取が行われないまま，難民認定の可否が決まっていた。特に IAB は庇護申請者の命運を分ける重要な委員会であるにもかかわらず，すべての庇護申請者に対する口頭審査が保証されていなかった。それに対して，1985年にカナダ連邦最高裁判所は，シン（Singh）判決において，1976年移民法で定められている難民認定手続きが，1982年カナダ憲法（権利・自由憲章）に違反しているという判決を下した。シン判決は，憲法が定める基本的人権の保護は庇護申請者へもおよぶと明言した。[32] この判決を受けて難民認定手続きの見直しが進められ，「難民改革法（the Refugee Reform Bill: C-55）」が1988年に下院で採択された。それによってすべての申請者が IAB に対して口頭審査を請求することが可能となり，IAB のメンバーは18名から50名に増加した。1989年には CIC から独立した準司法機関である移民・難民審査委員会（Immigration and Refugee Board: IRB）が設置された。IRB は IAB と条約難民決定部門（Convention Refugee Determination Division: CRDD）から構成され，CRDD が難民認定審査を行うこととなった。[33]

　上記のように1980年代半ば，カナダの難民制度はよりリベラルになったが，他方で急増する庇護申請に対処するため，庇護希望者の入国を阻止する政策が検討されるようになった。その契機となったのは1980年代半ば以降に急増した庇護申請の未処理案件と「ボート・ピープル」問題であった。カナダ国内の庇護申請未処理件数は，1978年には79件であったのに対し，1987年には約6万件にまで増加した。[34] さらに「未処理案件解消プログラム」が実施されると，1986年から87年にかけてポルトガル，トルコからの庇護申請者が増えた。1987年にアメリカで非合法労働者に対する罰則が強化されると，アメリカに滞在していた多くの中央アメリカ（特にエルサルバドルとガテマラ）出身者たちがカナダで庇護申請を行った。その結果，未処理案件は1988年末までに8万5000件に増加した。1986年8月にスリランカのタミル人155名，翌年の7月にシーク教徒174人が乗船していた船がカナダ東海岸に上陸すると，カナダ国内で難民の受入

懐疑的な意見が急速に増えた[35]。

　「不法入国・不法在留」を阻止するために，カナダ政府は1977年から84年にかけてヴィザ免除対象国のなかから18ヶ国を削除した。また，アメリカ経由でカナダに入国し，庇護申請を行う人が急増したため，1987年にアメリカ経由でカナダに入国した庇護申請者に対して，難民申請資格審査日までカナダに入国することを禁止する措置をとった。1987年8月には保守党政権が緊急セッションを招集し，「難民抑止・拘留法（The Refugee Deterrents and Detention Bill: C-84）」を上程した。C-84法案には，国境管理の強化，不法入国者の拘留，安全保障上の脅威となる者の強制送還，密航を阻止するための権限強化などが盛り込まれていた。なお法案には「偽装難民」を乗船させている船の上陸を拒否する権限を当局に付与する条項もあったが，最終的に削除された。様々なNGOや市民団体などは，C-84法案に反対したが，下院では与党である保守党が過半数を占めており，法案は可決された[36]。1992年には，政府は難民法を改正するためにC-86法案を提出した。C-86法案には，庇護申請資格制限の強化とともに，難民認定が付与されるまで庇護申請者の就労を禁止するなど庇護申請者に対してより厳しい制約を課す条項が含まれていた。C-86法案に対しても様々な批判があったが，法案は可決され，1993年2月に発効した[37]。

　1993年の総選挙で政権をとった自由党政府も基本的に抑止的難民政策を踏襲し，移民・難民法の見直しを進めた。トロントで起きた2件の発砲事件を受け，強制退去命令に対する国民の関心が集まると，政府は法案C-44を上程し，1995年に施行された。法案C-44には重大な犯罪歴のある永住者（条約難民を含む）の追放，重大な犯罪歴のある者のカナダでの庇護申請を排除する条項が含まれていた。さらに1995年2月，政府は難民を含む永住許可者のすべての成人に対して上陸費を課すことを決定し，同年3月に移民大臣がIRBの面接官を2名から1名に削減すると発表した[38]。

　1996年からは新たな移民・難民法の制定に向けた協議が始まった。移民・難民法を再検討するために1996年司法再検討グループが結成され，1996年から98年にかけて州，準州で，主要なステークホルダーとの討論が幅広く行われ，その成果は1998年1月に「単なる数字ではなく（Not Just Numbers）」という報告

書として出版された。これをもとに2000年4月にIRPA（法案C-31）が上程された。2000年の総選挙で法案C-31の審議は中断したものの，2001年2月に再上程され，12月に勅許を得て，2002年6月28日に発効した。[39]

（4） 第4期（2002年以降）

　第4期は IRPA が発効した2002年以降である。国内外の情勢の変化を反映して，1976年移民法は大幅に改正された。IRPA では難民の保護に関する国際的義務と人道主義が強調され，[40]「難民条約上の難民」に加え，出身国で拷問や非人道的な処遇を受ける危険性を有する人を「保護を必要とする者」として庇護対象者に加えた。また，IRB に新たな難民不服審査部（Refugee Appeal Division: RAD）を設け，第一次審査で難民不認定とされた者は異議申し立てができることになった。[41]

　新制度ではかねてから問題となっていた庇護申請に関する制度的不備を改善する取り組みがみられるものの，他方で庇護申請を制限する制度が導入された。特に重要な制度変更は，庇護申請を提出するために，事前審査が導入されたことである。CIC の担当官が資格要件なしと判断した場合，IRB の RPD へ庇護申請ができない。また，RPD へ申請書が送付された後でも，カナダ国境サービス（Canadian Border Service: CBS）は入手した情報をもとに，IRB に審査の停止または中止を求めることができる。他国またはカナダで難民として保護を受けている者，再申請，カナダの治安や安全を脅かすとみなされた者，重大な犯罪を犯した者，[42]あるいは「安全な第三国」と指定された国から来た者は庇護申請を行う資格がない。2004年12月にアメリカとの「安全な第三国協定」が発効すると，陸路でアメリカを経由してカナダに到着した庇護希望者は，アメリカへ押し戻されることになった。[43]

　IRB の面接官は2名から1名に削減された。これまで2名の面接官の間で意見に相違がある場合は，庇護申請者に有利な決定が採用されることになっていた。IRB のメンバーは政治的任命であるため，質的にばらつきがある。例えば同じ状況下にある庇護申請者2名に対して，異なる判断が出されるなど問題が指摘されている。[44]2004年にスグロー CIC 大臣（当時）は，IRB メンバー任

命手続きの変更を発表した。しかし近年の調査で IRB メンバーの難民認定率に相違があることが指摘されており，難民審査手続きの「公正性」に問題が残る。

　IRPA では国外退去に関する法制度も変更され，国境管理，安全保障との関連から，移民担当官の逮捕，拘留の権限が拡大された。国外退去の対象となるのは，治安・安全上の脅威となる者，人権侵害の加害者，犯罪者，虚偽の申請を行った者などで，難民，永住権所持者も国外退去の対象者となりうる。国外退去対象者の拡大とともに，退去令に対する異議申し立てに関しても制約が設けられた。退去命令が出された場合，CIC 大臣に「退去前危険評価 (Pre-Removal Risk Assessment: PRRA)」を申請することができる。しかし，申請した時点で自動的に PRRA の審査が行われるわけではなく，資格審査によって，申請者の安全への脅威，人権侵害，犯罪性などが審査され，PRRA をクリアすることは難しい。また IRPA では，「安全保障証明書」が再導入された。公安・安全相と CIC 大臣が「安全保障証明書」を発行した場合，容疑を明らかにすることなく，政府は容疑者を（国外退去まで）無期限に収容することができる。証明書発行は連邦裁判所によって合法性が審査されることになっているが，連邦裁判所は証明書の発行が妥当であるかどうかを判断するのみで，信憑性に関して疑義をはさむことはできない。退去命令の司法審査は非公開で行われ，証明書を発行した理由，証拠は被疑者に開示されない。

　1976年移民法に比べ，IRPA では安全保障が重視され，犯罪，安全上の脅威となる者を排除しようとする姿勢がより鮮明になっている。その傾向が顕著となったのが，シュレシュ（Suresh）事件判決である。これはスリランカ出身で1991年に IRB によって難民として認定されたシュレシュが永住資格申請を行ったものの，申請の処理が4年以上先送りされ，1995年に「安全保障証明書」が発行された事件である。シュレシュが「テロ組織」であるタミル・タイガーの幹部であり，カナダで資金集めに従事していたことから，彼がカナダの安全上の脅威とみなされた。シュレシュがスリランカへ送還されれば，拷問を受ける恐れがあり，彼は拷問を受ける危険性がある国へ送還することは拷問禁止を掲げる国際人権法に違反するとして，国外退去令の取り消しを求めた。シュレ

シュが訴えた退去命令の司法審査は連邦裁判所で退けられ，上訴した連邦控訴裁判所では控訴が棄却されたため，連邦最高裁に上訴し，上告が受理された。2002年に連邦最高裁は，退去手続きのやり直しを命じ，法的に下級審の重大な誤りをいくつか指摘した。しかし，同時に連邦最高裁は，条約に関して二元論を採用しているカナダでは拷問禁止条約は国内で直接的な効力を有しておらず，国家の安全を脅かす「例外的な事情がある場合」，外国人を拷問の危険がある国へ送還しても，カナダ人権憲章の違反にあたらないという判断を下した。[48]

だが，2001年9・11同時多発テロ事件以後，過度に権限を行使していた治安当局の権限に対しては一定の権限行使に関する制約が加えられた。その契機となったのがアラー（Maher Arar）事件である。アラーはシリア生まれのカナダ市民で，アメリカへ渡航した際にアメリカ当局に拘束され，シリアへ強制送還された。シリアでアラーは11ヶ月以上非人道的環境の下で拘留され，拷問を受けた。アラーがカナダに帰国した後，アラーのケースを調査する委員会が設立され，アラーとテロ組織との関連性を疑っていたRCMPの情報に基づきアメリカ当局がアラーを拘束し，シリアへ強制送還したとする調査結果が出された。同時に調査委員会は，RCMPだけでなく，CICやCBSなどの機関は国家安全保障に説明責任を持つよう再考すべきであるという勧告を出した。さらに，3名のカナダ人（アブドゥラ・アルマルキ，ヌレディン，エルマティ）が2001年から2004年にかけてのシリアで拘禁され，拷問を受けたケースに関する調査では，調査委員会の委員長であったイアコブッチ判事は2008年10月に，連邦の治安維持担当官は3名のカナダ人の拷問に間接的な責任があると述べた。永住権所持者であるチャルカウイ（Charkaoui）と2名の難民が上訴したケースでは，2007年に連邦最高裁は，市民権を所持しない者を国外追放すること自体は，カナダ人権憲章7項に該当しないが，法的手続きがないまま，安全証明書が発行されて拘禁され，彼（女）の生命や自由が脅かされるところへ送還される場合には，カナダ自由権憲章7項に抵触するため，公正な裁判が行われなければならないという判断を示した。[49]

2009年10月および2010年8月にスリランカのタミル人が乗船していた船がブリティッシュ・コロンビア州に到着したことを契機に，再び難民法の見直しを求

める声が高まった。2010年，保守党政府は「改革難民法（Balanced Refugee Reform Act:C-11）」を上程したが，政権与党は過半数を超える議席を有していない少数与党であったため，修正を余儀なくされた。しかし2011年5月の総選挙で保守党が単独過半数を獲得すると，政府はC-11を改正した「移民システム保護法（Protecting Canada's Immigration System Act: C-31）」を提出した。2011年6月にC-31法案は下院を通過し，2012年12月15日に発効した。新制度では，①庇護申請者出身国による庇護申請者の仕分け，②庇護申請期間の短縮化，③密輸業者などの斡旋により非合法に大規模に入国した申請者に対する厳罰化など，いわゆる「難民封じ込め政策」が強化されている。

新法では，庇護申請への不服申し立て機関として「難民上訴部門（Refugee Appeal Division: RAD）」がIRBに設けられ，従来の制度的不備を改善する点がみられるが，主に以下の3つの問題がみられる。第1は新制度ではタイムラインの設定による審査の迅速化である。新規の庇護申請者はカナダ到着から15日以内に庇護申請を行わなければならず，「難民性」を証明するための公正な機会が付与されていない。第2の問題は，2名以上，非合法な手段でカナダに入国した16歳以上の者は原則として強制収容されることである。「非合法入国者」は難民と認定された後も，5年間永住権を申請することができず，家族を呼びよせることができない。第3の問題は，「安全認定国（designated country of origin: DCO）」というカテゴリーを導入し庇護申請者の仕分けをしたことである。一般的に民主主義体制が確立し，政府が基本的人権を遵守しており，生命や身体への安全が保障されている国をカナダ政府はDCOとみなした。DCO出身の庇護申請は他の申請者と異なる取り扱いをすることが定められた。DCO出身者も庇護申請をすることはできるが，難民として認定されなかった場合，RADに異議申し立てを行うことができない。また，DCO出身の庇護申請者の国外退去までの期間は約45日と設定され，短期間での退去が想定されているため，待機期間中は就労許可申請も連邦レベルの暫定連邦保健プログラム（Interim Federal Health Program: IFHP）による基礎的な保健サービス，歯科・眼科治療，処方薬などを無料で受けることができなくなった。

さらに，かねてから論議を呼んでいた「外国人犯罪者国外退去迅速化法（The

Faster Removal of Foreign Criminals Act: C-43)」が2013年6月に採択された。カナダで6ヶ月以上の懲役の刑を科せられたカナダ市民権所持者以外の「外国人」(難民，永住権取得者を含む)は，即座に国外退去令を受け，刑に服した後，母国へ送還されることになっている。この場合は，異議申し立てやPRRAを申請することはできない。[54]

以上から明らかなように，人種差別的な難民政策からリベラルな難民政策へ移行したカナダは，再び抑圧的な難民政策へ転向しつつある。特に庇護申請をできるだけ阻止し，不認定となった者，カナダ社会にとって不利益をもたらす者に対しては，迅速に強制退去させ，排除しようとする姿勢が鮮明になっている。その結果，2005年まで急増していたカナダ国内での庇護申請は2005年をピークとして減少し[55]，2008年に比べ2013年3月26日の時点で未処理案件は40％に減少した[56]。

2　カナダにおける第三国定住政策

カナダは移民政策の一環として他国に居住していた「避難民」を受け入れてきたが，1976年移民法制定で国外保護制度を設け，カナダ国外に居住する難民の第三国定住の受入を開始した。ここではIRPAが施行された2002年以降のカナダにおける第三国定住政策を概観し，問題点を明らかにする。

(1)　国外難民保護制度概要

カナダは，国外難民保護制度（Oversea Protection）においてカナダ国外に住む難民を第三国定住難民として受け入れてきた。現在，カナダの第三国定住プログラムは，①政府が難民を支援する政府援助難民（Government Assisted Refugee: GAR）プログラム，②民間団体もしくはカナダ市民（または永住者）がカナダ国外にいる難民のスポンサーとなり，第三国定住難民を受け入れる民間支援難民（Private Sponsored Refugee: PSR）プログラム，および③政府と民間団体が共同でスポンサーとなり，第三国定住難民を支援する共同援助スポンサー（Joint Assistance Sponsorship: JAS）プログラムがある。図7-1のように，カナ

図7-1 カナダにおける第三国定住難民受入数

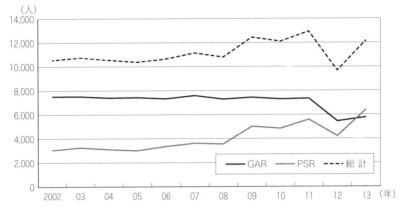

出所：CCRm CCR Decries Dramatic Drop in Refugee Resettled in Canada; CIC, Preliminary Tables, Permanent and Temporary Resides, 2013, Canada Permanent Residents by Category, 2009-2013 より筆者作成。

ダは年間約1万2000～4000人の難民をGARとPRSの枠組みで受け入れている。

カナダの場合，第三国定住難民の対象となるには，条約難民国外クラス(Convention Refugee Abroad Class)または庇護国クラス(Country of Asylum Class)に該当しなければならない。条約難民国外クラスに該当するのは，(a)出身国外におり，(b)条約難民の要件を満たし，(c)カナダ国外におり，カナダに住むことを希望し，(d)他の恒久的解決の可能性がない者で，(e)UNHCRまたは他の照会団体に照会されるか，民間支援団体に支援される者である。庇護国クラスの対象者は，(f)出身国もしくは日常的に暮らしていた国の外におり，(g)内戦または武力紛争により深刻な被害を受けたか，現在も受けている，あるいは深刻な人権侵害の被害者で，(h)カナダ国外にいる者で，(i)UNHCRまたは他の照会団体に照会された者，民間支援団体に支援されている者，もしくはカナダ到着後，自分と扶養者を養えるだけの資産を有する者である。JSAの対象となるのは，人数の多い家族，トラウマや身体の障がいにより特別な支援が必要な人で，政府が財政的支援を行い，民間団体が必要に応じて非財政的支援を行う。統計上，JSAの対象である難民はGARとみなされ，ヴィザ・オフィ

サーが対象者を特定する。なお2011年までカナダはUNHCRの第三国定住対象者とならない人々を原因国クラス（Source Country Class）の枠組みで受け入れてきた。これに該当するのは，迫害，紛争，深刻な人権侵害等の被害者で，常居所となっている国の外へ移動しておらず，CICが指定した国に住んでいる「国内避難民」であった。しかし，2011年11月15日に原因国クラスによる受入は中止された。[58]

カナダの第三国定住プログラムのユニークな点は，政府だけでなく民間団体や一般市民が第三国定住受入のスポンサーとなれることである。現行法で政府以外の主体が第三国定住難民のスポンサーの資格を持つのは，(a)スポンサーシップ協定所持者（Sponsorship Agreement Holders: SAH）およびその構成団体（Constituent Group: CG），(b)コミュニティ・スポンサー（Community Sponsor: CS），(c) 5人組（Group of Five: G5）である。SAHは事前にCICとの協定を締結しており，CICの事前審査を受けることなく，第三国定住希望者のスポンサーになることができる。CICと個々の団体と協定を結ぶ前に第三国定住に関する詳細な計画，財政状況，団体の活動状況などを確認し，SAHは第一次庇護国に住む難民の第三国定住にあらゆる責任を負う。SAHは独自の認定基準で下部組織にあたるCGを承認することができ，CGはSAHの要請に従って活動を行う。2012年5月の時点でケベック州を除くカナダ全土に81のSAHがある。[59] CSは様々な団体（法人組織，非営利団体，営利団体など）によって構成され，CSは年間2件しか支援できない。また第三国定住受入申請を行う際に，財政状況や支援計画が審査される。G5はカナダの市民権または永住権所持者が5人以上でグループを作り，第三国定住難民のスポンサーとなる。G5の各メンバーは18歳以上で，第三国定住難民が居住する地域に住んでいなければならない。すべてのメンバーが財政支援を行う必要はないが，財政支援を行うメンバーは資産に関する書類を提出し，所得を証明する必要がある。なお，拘禁者，カナダ国内外で殺人や重大な犯罪を行い5年以内に刑期が終了した者，国外退去命令が出ている者，市民権の取り消し対象者はG5のメンバーになることができない。

現在，カナダの第三国定住対象者となるにはUNHCRまたは照会団体の推

薦か，民間スポンサーの受入が必要で，個人が条約難民クラスまたは庇護国クラスの第三国定住の申請を行うことはできない。政府援助プログラムの場合，UNHCRまたは照会団体が推薦したケースが申請されることになる。民間支援プログラムの場合，民間支援団体が支援する難民を決めて第三国定住の申請を行うケースと，「ヴィザ・オフィサー照会（Visa Officer Referred）ケース」と呼ばれるヴィザ・オフィサーが推薦した難民のリストのなかから民間支援団体が支援者を選び，第三国定住の申請を行うケースがある。[60] 第三国定住希望者の審査を担当しているのはCICで，第三国定住希望者および支援団体がCICへ提出した書類や証拠をヴィザ・オフィサーが審査し，第三国定住希望者の面接を行い，受入の可否を判断する。申請が承認されるとヴィザ・オフィサーは申請者（とその家族）に対して永住ヴィザを発行する。特別な場合（緊急に保護が必要な場合や処罰される危険が迫っている場合），担当者の裁量で面接を行わず，受入を決定することができる。

(2) 国外保護制度の制度的問題

　カナダの国外保護制度には様々な問題や批判があるが，ここでは特に重要な4つの問題を指摘しておきたい。

　カナダの第三国定住制度における第1の問題は第三国定住審査の独立性の確保である。第三国定住申請の審査，面接を行うヴィザ・オフィサーはCICの職員である。カナダ国内で庇護申請を行う場合は，難民認定の可否を判断するのはCICから独立した準司法機関のIRBが行うのに対し，GARおよびPSRの受入の可否を最終的に決定するのはCICである。[61] 第2の問題は審査の透明性である。現行制度で第三国定住の審査に関与できるのは，第三国定住申請者，ヴィザ・オフィサー，通訳である。第三国定住申請者の弁護士がオブザーバーとして面接に立ち会うことが認められる場合はあるが，全審査プロセスに立ち合うことは認められておらず，弁護士が証言したり，審査プロセスに関与することはできない。[62]

　カナダの第三国定住制度の第3の問題は公正性である。先にみたようにカナダ国内の庇護申請においてIRBメンバーの難民認定率に相違があり，IRB面

接官の資質，難民審査手続きの「公正性」に対する批判がある。第三国定住の審査の場合も，審査を行うヴィザ・オフィサーのなかに適切な訓練を受けておらず，適性や公正性を欠く人がいるという指摘がある。[63] その1例がエリトリア難民の第三国定住問題である。ペンテコスタ派教会のメンバーであるがゆえに迫害されていたエリトリア難民の第三国定住申請がカイロのヴィザ・オフィスに多く提出されていたが，2009年10月半ばにこれらの申請に対する不認定の件数が急増した。これらはすべて1人のヴィザ・オフィサーによって決定されており，決定の妥当性に対して疑問を抱くカナダの支援団体とカナダ難民協会（Canadian Council for Refugees: CCR）が連邦裁判所へ10件の司法審査を申し立てた。[64]

　第4の問題は第三国定住審査に申請者が異議申し立てを行う機会が限られていることである。先にみたようにシン判決以降，国内の庇護申請者の基本的権利は法的に保障されている。しかし，カナダ国外の第三国定住申請者に付与される権利は限定されている。連邦裁判所はジャロウ裁判（Jallow v. Canada (Ministry of Citizenship and Immigration)）において，シン判決の決定は第三国定住申請者には適用されないという判決を下した。[65] カナダ国外で第三国定住申請の認定はヴィザ・オフィサーの裁量に委ねられており，第三国定住の可否は行政決定とされている。むろん移民管理に関する法制度は大臣や担当官の無制限の裁量を認めているわけではない。UNHCRが照会したケースに対してヴィザ・オフィサーが第三国定住を許可しなかった場合，UNHCRは決定の再考を求め，該当するヴィザ・オフィスの移民・プログラム・マネージャーへ問い合わせることができる。しかし，ヴィザ・オフィスもしくはカナダ政府に異議申し立てを行う公的な制度は設けられてない。[66] したがってヴィザ・オフィサーによって第三国定住が認められなかった場合，第三国定住申請が新たな決定機関によって再検討されたり，再審査が行われたりすることはない。

　ヴィザ・オフィサーの第三国定住不認定に対して異議申し立てをする唯一可能な手段は限定的な司法審査である。行政処分である第三国定住に対しても手続き的保護は適用される。第三国定住の申請に対してヴィザ・オフィサーは公正に判断を行う義務があり，もし第三国定住の審査手続きに誤りがあれば，連

邦裁判所はケースを差し戻すことになる。ただし，これは第三国定住に関して手続き上問題がある場合に限られており，連邦裁判所が申請者を再審査し，第三国定住受入の可否を判断するわけではない。ラブマン（Shauna Labman）の調査では，1994年から2010年までの全裁判のなかで47件のみが第三国定住に関連したケースで，47件中18件が司法審査で，そのうち38％のケースは連邦裁判所によってヴィザ・オフィスへ差し戻された。連邦裁判所によって棄却された29件のうち1件は連邦控訴裁判所で棄却が破棄され，ヴィザ・オフィスへ差し戻された。これらは20ヶ国にあるカナダ在外公館のヴィザ・オフィサーが認定を拒否したケースで，11件がパキスタン，9件がドイツ，4件がイギリス，3件がケニアに駐在するヴィザ・オフィサーが決定したケースであった。第三国定住のタイプは必ずしも明らかにされていないが，27件はスポンサーである民間団体が申請したものであった[67]。

　このように，第三国定住政策に強い権限を有しているのは CIC であり，第三国定住難民の受入は CIC のヴィザ・オフィサーの裁量が強く働いている。たとえ UNHCR が難民と認定し，第三国定住を照会した難民であっても，自動的にカナダへの第三国定住が許可されるわけではない。GAR，PSR のいずれのケースも最終的に第三国定住受入の可否を判断するのはヴィザ・オフィサーであり，CIC から独立した司法機関や他の組織が第三国定住に関与する機会は限られている。

3　なぜ第三国定住難民を受け入れるのか

　第1節でみたようにカナダは比較的寛大な難民受入政策を転換し，いわゆる「難民封じ込め政策」へ難民政策をシフトさせている。全般的に難民の受入を制限しようと試みているなかで，CIC は第三国定住難民受入枠拡大やシリア難民の受入を度々発表してきた。国内保護制度と国外保護制度において異なる姿勢がみられるのはなぜなのであろうか。ここでは，（1）「人道主義的伝統」，（2）庇護申請者・難民の選別と経済的正当化，（3）対外的イメージの3つの側面から検討する。

(1) 人道主義的伝統

カナダが難民を受け入れる理由の1つとしてしばしば掲げられるのが，カナダの「人道主義の伝統」である。例えば，CIC が毎年議会へ提出している年次報告書（Annual Report to Parliament on Immigration）には難民を受け入れる理念や基準の1つとして常に「人道主義の伝統」が掲げられている。例えば，2012年の報告書では以下のように記載されている。

UNHCR によると2011年初めの時点で世界には1050万人の難民がおり，多くの人は何十年間も避難生活を送っている。CIC は，カナダの人道主義的伝統にもとづき，難民と庇護を必要とする人々を保護し，国際的難民保護に積極的に関与している。[68]

また「人道主義の伝統」は思いやりや公正性を重視するカナダ的価値観と結びつけられている。[69]

思いやりと公正性はカナダ人の誇りである。これらの価値観が国内の難民保護制度と第三国定住プログラムの根幹になっており，これら2つのプログラムはかねてから UNHCR に高く評価されている。難民は迫害による恐怖から国を逃れ，帰還することができない人々である。多くの難民は想像を絶する恐怖を体験し，紛争国から逃れてきた。難民は他国に永久に定住することを自ら選択した移民と異なる。[70]

第2節でみたようにカナダの難民政策は常に人道的であったわけではないが，人道主義はカナダの難民政策の根幹をなす原則として言説化されている。だが，現実の国外保護制度は「人道主義」に基づいて実施されているのであろうか。「人道主義」という概念には様々な定義や議論があるが，[71] ここでは広く普及している国際赤十字の4原則（人道，公平，中立，独立）を援用して，(a) 第三国定住へのアクセスと (b) 最も脆弱な立場に置かれている難民の救済という2つの観点からカナダの第三国定住受入の実態をみてみたい。

第 7 章　国際的難民保護の「物理的負担分担」と第三国定住受入国の動向

(a) 第三国定住へのアクセス

　第 2 節でみたように，カナダの国外保護制度は個人が第三国定住の申請を行うことはできない。カナダへ第三国定住するには UNHCR の照会または推薦あるいは，民間支援団体がスポンサーになる必要がある。また連邦政府は地域別の受入枠を設けている。[72] 地域別の受入枠の妥当性に関しては常に論議を呼んでいる。1980年から2010年までカナダが受け入れてきた第三国定住難民の出身国をみてみると，GAR では1980年代はヴェトナム，ラオス，ポーランドが最も多く，PSR による受入では，1980年代はヴェトナム，ラオス，カンボジア，ポルトガルが最も多い。1990年代から2000年代までは GAR，PSR いずれの場合も，出身国で最も多かったのは，旧ユーゴスラヴィアであった。近年，GAR の大半はアフリカ（スーダン，エチオピア，ソマリア，コンゴ）および中近東（イラク，イラン，アフガニスタン）で，PSR の場合もソマリア，スーダン，エチオピアなどのアフリカからの受入が多い。[73] 1980年後半以降，中近東諸国（イラン，アフガニスタン，イラク）からの受入も続いている。[74] カナダは特定のグループを対象とした第三国定住プログラムも実施している。2003年にケニアの難民キャンプにいるソマリア難民とスーダン難民780名をパイロットプログラムで受け入れ，2004年に中央アジアにいる1000人のアフガニスタン難民を受け入れた。[75] 2006年からはタイの難民キャンプにいるミャンマー（ビルマ）のカレン難民を第三国定住の枠組みで受け入れ，2006年から2007年に810名，2007年から2008年に1851名，2008年から2009年にかけて1300名がカナダに到着した。[76] 2007年 5 月カナダは他の 6 ヶ国とともに，ネパールにいるブータン難民の受入を発表し，カナダは 5 年間に5000名を第三国定住で受け入れると発表した。2012年にはカナダに居住する家族とコネクションがある500名を受け入れると発表した。[77] 2009年から2011年にかけて，カナダは2500名のイラク難民を PSR として受け入れた。2010年にカナダはダマスカス（シリア）にいるイラク難民を年間1400～1800名を GAR として受け入れた。2010年10月には，2013年までに約8600名のイラク難民を受け入れるとケニー大臣は表明した。[78] さらに2013年 1 月，ケニー大臣はトルコ訪問中に，5000名のイラク難民とイラン難民を受け入れると発表した。現在，トルコにはシリアから大量の庇護希望者が流入して

おり，カナダの第三国定住受入は難民受入に伴うトルコの負担を軽減することが期待されている[79]。第三国定住難民の出身国をみた場合，カナダの第三国定住難民の受入はある程度，世界の難民の実態を反映していると言える[80]。ただし，なぜ特定の出身国の難民がグループ定住で優先されるのかという点に関しては基準が不明瞭である。

　実務面での制約も難民の第三国定住のアクセスに大きな問題をもたらしている。第1が予算上の制約である。第三国定住の予算は10年以上，約4500万ドルに据え置かれ，2010年に5400万ドルとなった[81]。限られた予算を有効に使用するためには，GAR，PSRを同じ場所で審査することが有用であると考えられてきた。カナダは書類審査のみの受入を行っていないため，第三国定住を希望する難民の面接は，最寄りの在外公館でヴィザ・オフィサーが面接を行うか，ヴィザ・オフィサーが現地へ赴かなくてはいけない。ヴィザ・オフィサーを派遣するには対象者が多いことが原則となっており，治安上の問題などがある場合，ヴィザ・オフィサーを派遣することは難しい[82]。第2に難民の認定における効率性の問題である。カナダ国内での庇護申請の未処理案件の増加は政治問題となっていたが，第三国定住に関しても未処理案件は累積しており，関係者から改善が求められてきた。2013年7月26日の時点でGARの場合，申請の決定が下されるまでの期間が最も長いのがインドのニューデリーで42ヶ月，次がケニアのナイロビで33ヶ月であった[83]。PSRの場合は最も長いのがセネガルのダカールで65ヶ月，次がケニアのナイロビと南アのプレトリアでともに56ヶ月であった[84]。このような状況を改善するため，2011年以降，CICはナイロビにあるヴィザ・オフィスが受領する申請数を制限する通達を出した。ナイロビのヴィザ・オフィスは東・中央アフリカの19ヶ国からの第三国定住申請を扱っており，該当地域の申請に大きな影響を与えることとなった。さらに2012年にはプレトリア，イスラマバード，カイロのヴィザ・オフィスにおける受入制限が発表された[85]。これらの地域での受入制限が決められたのは，過去の未処理案件の増加と申請に対する決定を迅速化するためであると説明された。

　このようにカナダへ第三国定住申請をするための門戸はすべての人に平等に開かれているとは言い難い。

(b) 脆弱な立場に置かれている難民の救済

UNHCR は第三国定住の対象となるには，以下の7分野のなかで最低でもいずれか1つを満たしていなければならないと定めている。

① ルフールマンの危険性を含む，難民の法的または身体的保護の必要性
② 拷問もしくは暴力のサバイバー
③ 医療の必要性
④ 危険に晒されている女性と少女
⑤ 家族再統合
⑥ 危険に晒されている子ども・青年
⑦ 他の恒久的解決策の可能性がないこと

これらの基準から明らかなように，難民のなかで極めて脆弱な立場に置かれている人が第三国定住の対象者となっている。だがカナダは第三国定住難民受入の条件の1つとして，3～5年以内に経済的に自立し，カナダ社会へ適合できる能力があることを証明することを求めてきた。そのため，カナダの第三国定住プログラムは世界各地に居住している難民のなかから最も優秀な難民を選別し，カナダ経済の発展に貢献する者を呼び寄せる人道の仮面をかぶった移民政策の一環であると批判されてきた。[86] 近年 CIC は「カナダ社会へ適合できる能力」よりも「保護を必要とする者」の保護へ第三国定住難民受入の重点がシフトしていると述べている。[87] カナダは「緊急に保護を必要とする者」（UNHCR では Emergency Case に該当）と「脆弱な立場に置かれている者」（UNHCR では Urgent Case に該当）の受入を実施してきた。また特別な医療が必要な者，暴力・拷問のサバイバー，「危機に直面している女性（Women at Risk）」などの特別プログラムを実施してきた。このような方針は評価できるが，近年の第三国定住政策の変更は最も庇護を必要としている人々に対して影響を及ぼす可能性が高い政策が打ち出された。第1は原因国クラスによる受入の中止である。第2節でも述べたように，CIC は2011年3月に原因国クラスによる受入の中止を発表し，2012年11月に受入を停止した。原因国クラスの対象となるのは，

CICが指定した国において迫害，人権侵害，武力紛争等によって常居所地からの移動を余儀なくされ，しかしながら常居所地のある国にとどまっている，いわゆる国内避難民である。かねてから原因国クラスは該当する国が限定されていたことから，その適用をめぐり批判があった。身体的な障害や高齢などの理由で身の危険に直面していながら国外へ移動できない人は少なくない。そのため原因国クラスを廃止するのではなく，原因国クラスの対象国を増加すべきだという意見も多く寄せられていた[88]。しかし，CICは裁量条項による受入が可能であるとして，原因国クラス存続要請を退けた。実際にアフガニスタンでカナダ軍が駐留していた際，カナダ軍の通訳として働いていたアフガニスタン人は身の危険にさらされ，裁量条項によってカナダに受け入れられた[89]。だが裁量条項による受入は予測がつかないため，スポンサーは敬遠する傾向がある[90]。

　新政策の第2の問題は，2012年6月に連邦政府がIFHプログラムを削減し，民間支援プログラムで受け入れられた難民が保健プログラムの対象外となったことである。カナダ到着前に第三国定住難民の健康状態や治療の有無などはスポンサーに知らされていない。難民の治療費，薬代等をカバーすることはスポンサーにとって過重な負担となる可能性があり，スポンサーが難民の受入を躊躇することになりかねない。また拷問，レイプ，その他の組織的暴力のサバイバーである難民に対して提供されていた精神医療関連の支援も中止され，トラウマなど精神的な問題を抱える難民は無料でカウンセリングを受けることができなくなった[91]。さらに2012年10月にG5およびCSに対して第三国定住対象者の「難民認定証明」の提出を義務付けた。G5とCSは庇護国もしくはUNHCRによって難民として認定されていることを証明する書類を提出する必要がある[92]。多くの脆弱な立場に置かれている庇護希望者は，身の安全等の理由で庇護申請を行うことができず，UNHCRや庇護国政府から法的に難民として認定されていない場合がある[93]。あるいは，特定の国では政治，安全保障等の理由で難民として認定するケースが極めて少ない場合もある[94]。このような状況に置かれている人々はより脆弱な立場に置かれており，庇護や恒久的解決が必要な場合が多いにもかかわらず，第三国定住の機会が閉ざされることになる。

　2012年12月15日に発効した新たな難民法制度も「公正性を確保し，『真の難

民』を保護し，カナダの人道主義の伝統に基づくカナダの庇護申請制度を継続させるものである」と述べている。しかし，現実には，カナダの現行制度では第三国定住にアクセスできる難民は限定され，選別されているといわざるをえない。

（2） 庇護申請者・難民の選別と経済的正当化

ニューワース（Neuwirth）は第三国定住政策を政治的配慮に基づいて策定された「計算された親切」であると評しているが，カナダの第三国定住政策も国内外の様々な政治的，経済的要因を配慮してプログラムが考案され，実施されている。カナダの第三国定住が運用される際に何が優先されるかは国内外の情勢によって異なる。例えば，第1節でみたように第二次世界大戦後，カナダの第三国定住による受入を実施した背景には，不足する労働力の補給という経済的動機があり，同時にヨーロッパから受け入れる難民は当時の冷戦構造を反映し，選別されていた。

近年，カナダでは新自由主義に基づく難民政策の再編が進んでいる。大岡が指摘しているように，難民制度の悪用や不正を防ぎ，カナダ国民の税金を有効に使用し，真に庇護を必要とする難民を守るために迅速かつ効率的なシステムの確立が必要であると連邦政府は主張している。このような政策を正当化するためにしばしば用いられるのが，「真の難民（bona fide refugee）」と「偽装難民（bogus refugee）」という言説である。「真の難民」のみが「保護に値する難民（deserving refugee）」で庇護の対象となり，カナダの寛容な庇護制度を濫用する犯罪者や「列の割り込み者」は「庇護に値しない難民（undeserving refugee）」である。例えば，2010年8月にサン・シー（MV Sun Sea）号がカナダ領海に近づいた際，CIC広報官は「わが政府は，我々の支援が真に必要な人々へは支援を行うが，偽装難民は厳密に取り締まる」と述べた。2012年11月30日，新法が約2週間後に発効することに関して，当時CIC大臣であったケニーは以下のように述べている。

我々の変更は，カナダの庇護申請制度をより迅速かつ公平なものとするた

めである。あまりにも長い間，カナダの寛容な庇護制度は濫用されやすい状態であった。新しい庇護制度では，迫害から逃れてきた真の難民はより迅速に保護を受けることが可能となる。同時に，偽装難民のように，我々の寛大な制度を悪用する者は迅速に国外から退去させる。[98]

「真の難民」と「偽装難民」，「保護に値する難民」と「保護に値しない難民」という難民・庇護申請者を二分化する言説は第三国定住の受入にも適用されている。GAR としてカナダに受け入れられるまで難民出身国の近隣諸国にある難民キャンプにいる難民が「真の難民」であり，自らの意思でカナダにやってきた者は「偽装難民」であるという議論を支持する人は少なくない。[99]例えば，タミル人が乗っていた船がカナダに到着した2010年8月13日，当時公共安全（Public Safety）大臣であったビック・トォは「船でやってきて庇護申請を行った者と，他の手段でやってきて庇護申請を行った者を区別する法律を制定する」と宣言した。カナダの全国紙，グローブ・アンド・メール紙には「（このような問題の）解決策はカナダ政府が『真の』タミル難民を第三国定住で受け入れることである」という主張が社説として掲載されていた。[100]第三国定住による難民受入はこれまで政治的な争点として表面化することはなく，第三国定住による受入は好意的に捉えられてきた。抑圧的な難民政策を支持するコラコット（Martin Collacott）らは，カナダは第一次庇護国ではなく，第三国定住受入国になるべきだと主張している。[101]

しかし，効率性という点では，今後，国外保護制度が政治問題化する可能性がある。先に述べたように，第三国定住の予算は10年以上，約4500万ドルに据え置かれ，2010年の予算は5400万ドルであった。[102]2012年3月に連邦政府は CIC に配当する予算を今後3年間（2014～2015年予算まで）で計8400万ドル削減すると発表した。[103]CIC は限られた予算を効率的に使い，納税者に対する説明責任を果たすことが求められている。ここで特に問題となるのが，累積する未処理案件と認定率の低さである。PSR と GAR を比較した場合，全般的にPSR の認定率のほうが低い。1998年以降の平均的な PSR の認定率は49％で，年度によりばらつきがあるが，1998年から2006年にかけての GAR の非認定率

は平均31％であったのに対し，PSRの非認定率は高い。[104]認定されなかった理由が公表されていないことから，PSRの非認定率が高い要因は定かではないが，ヴィザ・オフィサーの決定の妥当性に関しては論議を呼んでいる。

　未処理案件に対処するため，ナイロビの申請受入制限に続き，CICは，2012年にはプレトリア，イスラマバード，カイロでの受入制限を実施した。[105]さらにG5には新たに「難民認定証明」の提出が求められることとなった。CICは，新たな書類の提出は民間スポンサー支援援団体が民間スポンサープログラムを悪用し，本来庇護の必要がない家族を呼びよせようとしているのを阻止するためだと説明しているが，スポンサー団体は政府はケースにバイアスをつけ，不適切な処理をしていると非難している。その他にIFHがPSRへ適用されなくなった。新たな措置によってPSRの第三国定住申請は減少し，数的には未処理案件は減少するかもしれない。

　効率性を向上させる方策の1つとして，CICは新たに特定の難民集団を第三国定住の優先ケースに指定し，そのスポンサーとなる団体へ資金を提供するパイロット・プログラムを開始した。例えば，2011年3月にCICはイラク難民の第三国定住受入を支援するために2つの団体へ費用分担パイロットプロジェクトを開始した。この2団体はイラク難民の第三国定住受入のスポンサーとなり，イラク難民を支援するために最大で10万ドルまでCICが提供する資金を利用することができる。[106]さらに，2013年から政府は「ヴィザ・オフィサー照会混合（Blended Visa-Officer Referred: VOR）プログラム」を開始した。これは，UNHCR，カナダ政府およびSAHsが協力して第三国定住受入を行うものである。UNHCRが照会し，カナダ政府が第三国定住の受入を許可した難民に対して，資金援助をカナダ政府が6ヶ月，民間スポンサーが6ヶ月ずつ行うとともに，民間スポンサー団体が1年間社会福祉サービスを行うというプログラムである。カナダ政府はVORプログラムを通して，2013年に中東諸国にいるイラク難民とイラン難民，スーダンにいるエリトリア難民，マレーシアにいるミャンマー（ビルマ）難民，ネパールにいるブータン難民の約200名を民間スポンサー団体とともに第三国定住の枠組みで受け入れる計画を考えた。2015年までにこのプログラムを通して1000名を受け入れる予定であった。[107]政府が第三国定

住難民を選び，政府と民間支援団体が第三国定住難民へ提供する支援のコストを分担することとなる。このプログラムでは，通常の PSR よりも審査結果が早く，約1〜4ヶ月でカナダに到着することができる。[108] 難民にとってはスポンサーの対象が広がり，このプログラムでカナダに来た難民の保健・医療はIFH によってカバーされるので，民間支援団体が難民の医療費を負担する必要がないというメリットもある。[109]

しかし，このような政府と民間支援団体が共同で第三国定住難民を受け入れることに対して懐疑的な意見がある。第三国定住プログラムをめぐる政府と民間団体とのわだかまりは，1976年移民法が制定された頃から生じていた。多くの民間団体は民間団体の支援を制度化することに懐疑的で，民間団体を難民受入のスポンサーとすることで，政府は民間団体へ難民支援の責任を転嫁するのではないかと危惧していた。[110] そのためカナダ・ユダヤ人移民支援サービス（Jewish Immigration Aid Services of Canada）などは民間スポンサーシップを導入するためにロビー活動を行ったが，政府と協定を結ぶことを躊躇した。他方，カナダ・メノナイト中央員会（Mennonite Central Committee Canada）は政府と基本契約（Master Agreement）を結んだ。[111] 民間支援団体が政府に対して抱いた懸念は，1979年から80年において，インドシナ難民の受入をめぐり現実の問題となった。当初，民間団体はインドシナ難民の受入は政府による受入の補完的役割を果たすものと考えていた。しかし，実際には1979年から80年にかけてカナダに受け入れられた6万人のインドシナ難民のうち，民間団体が3万4000人を受け入れ，政府は2600人のインドシナ難民を受け入れることとなった。[112] ドヴェルニュ（Catherine Dauvergne）が指摘しているように，民間のスポンサーによる第三国定住受入は，人道的な難民政策を支持する国内世論に応えるとともに，第三国定住難民受入に伴う責任を政府が全面的に負わなくてよい便利な制度である。[113] 多くの民間支援団体は，政府主導の混合プログラムは，政府が経費を節約しつつ，2500名の難民を GAR の枠組みで受け入れることで第三国定住受入数を増やす意図があり，このような取組は民間スポンサーシップの「追加的原則（principle of additionality）」を無視していると政府を非難している。[114]

本来，民間スポンサー・プログラムはカナダ市民の善意から始まり，GAR

の補完的役割を果たすものであった。だが近年連邦政府は民間スポンサー・プログラムに対する管理を強化し，PSR による受入を便宜的に利用しようとする意図が見られる。政府のこのような姿勢は今後民間団体の第三国定住難民受入意欲を削ぐものとなり，結果として民間支援団体による受入数が減少するかもしれないと CCR などの NGO や市民団体は警告ししている。しかし，カナダでは難民政策に最も大きな権限を有するのは首相と CIC 大臣で，議会でハーパー首相率いる与党が過半数を超えていた当時，野党や市民団体が難民政策にあまり影響力をおよぼすことはできなかった。2013年7月にクリス・アレクサンダーが CIC の大臣に就任したが，第三国定住に関する基本的な方針に大幅な変更はみられなかった。[115]

(3) 対外的イメージ

　カナダ政府は，しばしば国際社会の場で「人道主義的伝統」という点から自国の難民政策をアピールしている。しかし，上記でみたように，カナダの第三国定住政策は，常に人道的であるとは言い難い。CIC はこれまでに第三国定住の受入枠を拡大すると発表してきたが，2012年に実際にカナダが受け入れた数は大幅に減少し，2011年に比べても26％減少し，過去30年間で2番目に少ない数であった。2012年にカナダに到着した GAR および PSR はいずれも減少し，GAR は5412人で2012年の目標数であった7500人に比べ，2000人も少ない状況であった。PSR の目標数は5500人であったのに対して，実際にカナダに到着したのは4212人であった。このように目標数を大幅に下回ったのは2012年にダマスカスのオフィスがシリアにおける紛争の激化に伴い閉鎖されたことが原因であると CIC は主張した。2009年から2012年にかけてシリアにいる難民の受入がカナダの第三国定住プログラムによる受入の35％を占めていた。[116] このことはカナダの第三国定住の受入対象地域が偏重していることに起因しており，2012年の受入数が減少した理由の1つでしかない。[117] カナダ政府の国際社会に対する表明と第三国定住難民受入の実態が乖離しているのは，第三国定住難民の受入が国際的難民保護の義務を果たし，難民受入の先導的な役割を果たしていると自己弁護し，人道主義国家としてのカナダのイメージを対外的に維持

するための戦略の1つであるという見解がある。

　カナダの外交政策を分析する理論的枠組みは多様であるが，概ねこれらの理論はカナダの対外政策は，①対米関係と②多国間（国際）協調主義（マルチラテラリズム）という2つの外交基軸がある点では共通している。アメリカという超大国に隣接することから，アメリカとの密接な同盟・協力関係を保持することは重要である。同時に北欧諸国，オーストラリアなど，カナダと同様の特質を持つ国（like-minded states）とのパートナーシップを重視しながらカナダは国連などの国際機関や多国間に関連する条約の体制づくりに積極的に関与してきた。カナダはこの2つの外交基軸を同時に追求することが必要であり，それゆえ，カナダの外交政策は，「リアリスト的側面」と「理想主義者」の側面という矛盾した2面性を有していると加藤は指摘している。[118]このようなカナダ外交の二面性はカナダの政治・外交的アイデンティティであり，隣の超大国に抗してサバイバルするための「知恵」である。[119]

　カナダの対外政策は人権や「地球益」といった人道主義的関心だけで形成されているわけではない。ルイ（Andrew Lui）が論じているように，カナダの対外政策において，人権が重視されるようになったのは1960年代以降のことである。カナダの国際的地位の相対的低下，ケベック問題を発端とする国民統合の問題，対米関係などの主要な国内・国際問題に呼応するために人権が重要な対外政策の課題の1つとして組み込まれてきた。しかし，アパルトヘイト政策の南アフリカに対する経済制裁，1989年の天安門事件後の中国への対応，2001年12月に制定された反テロ法等のように，カナダはしばしば経済的利益や安全保障を優先させる政策を実施してきた。[120]さらに冷戦終焉以降の政府開発援助等に対する大幅な予算削減，ハーパー政権の親米政策，京都議定書からの離脱などからカナダは従来の多国間協調主義路線を転換しつつあると考えられていた。しかし，「人道主義国家」というカナダの対外的なイメージを維持することは国際社会の場でカナダの存在感を維持し，一定の発言力を有するために重要である。[121]ジョセフ・ナイは，軍事力や経済力で他国に政策を変更することを促すのではなく，自国が望む結果を他国も望むようにする力であり，他国を無理やり従わせるのではなく，味方につける力を「ソフト・パワー」と定義し，ソフ

ト・パワーは，①文化，②政治的価値，③外交政策が主に源泉となると述べている。イグナティエフはカナダの対外的な影響力は①国際社会における道徳的権威（moral authority），②軍事力，③国際協力の能力の3点にあると述べている[122]。難民保護は，アリソン・ブリスク（Alison Brysk）が述べているように，国家の人道主義的側面を示す1つの指標となる[123]。難民は人権侵害の被害者であり，最も庇護を必要としている人たちである。救済を必要とする人々に支援を行うことは，いわば「よきサマリタン」として国家の「人道性」をアピールすることができる。

　カナダは UNHCR の主要ドナーとして国際的難民保護に積極的に関わってきた。例えば，UNHCR で2003年から2005年にコンベンション・プラス・イニシアティブ（Convention Plus Initiative: CPI）が進められていた際，カナダは「第三国定住の戦略的利用（strategic use of resettlement）」のコア・グループのファシリテーターを務め，2004年9月に「第三国定住に関する多国間フレームワーク（Multilateral Framework of Understandings on Resettlement）」[124]を取りまとめた[125]。2007年2月からカナダ政府は省庁間横断の「政府統合アプローチ（whole of government approach）」を開始し，外務・国際貿易省（Foreign Affairs and International Trade Canada: DFAIT），CIDA，CIC，国境サービス機構（Canada Border Services Agency: CASA）が特に長期滞留難民問題の解決に必要な政策や支援プログラムを協議し[126]，UNHCR と連携して難民支援プロジェクトを実施している[127]。吉田は，ある国が経済援助や平和維持活動などの魅力ある目標を国益の1つとして掲げることで，ソフト・パワーを持つことは軍事力や経済力から予想される以上の政治力を持つことがあると論じているが[128]，カナダの第三国定住政策はソフト・パワー的要素を持ち，国際社会でのカナダの地位と国益を追求するためのブランド・イメージを保持する上で有用であるといって過言でないだろう。

おわりに

　本章は，2000年代初めから2015年まで，閉鎖的な難民政策を実施するカナダ

が，なぜ第三国定住による難民受入に積極的な姿勢を示してきたのかを考察してきた。カナダは古くから庇護を求める人々を受け入れてきたが，人道的な難民政策が一環して行われてきたわけではない。第二次世界大戦後国内外の要請から難民の受入が制度化されていくが，1960年代までカナダの難民政策は移民政策の一環として実施され，経済的利益が優先され，人種差別的色彩が強かった。カナダにおいて1951年難民条約，1967年難民議定書等の国際的な基準に沿った難民制度が導入されたのは1969年以降である。

カナダは1976年より国外保護制度の枠組みで第三国定住プログラムを開始し，常に世界のトップ3として第三国定住難民を受け入れてきた。カナダの物理的負担分担に対する貢献は国際的に高く評価されている。しかし，他の欧米諸国と同じようにカナダも近年庇護希望者の入国を阻止し，庇護申請を抑制しようとする「難民封じ込め政策」を実施してきている。このような状況下でも，カナダは第三国定住による難民の受入を増やすと発表し，第三国定住の受入目標数を拡大した。だが，現実には様々な新たな規則や規制によって，第三国定住にアクセスできる難民は限定され，最も脆弱な立場の状態に置かれている難民が第三国に定住することは容易ではない。2012年にカナダに到着した第三国定住難民の数は過去30年で最も少なかった。[129] 第三国定住による難民受入は，GARであれ，PSRであれ，CICのヴィザ・オフィサーの裁量によって受入の可否が決まり，CICは難民の受入数を管理することができる。したがって第三国定住難民受入はカナダの国内事情や対外的イメージを考量した上で策定し，管理できる利便性がある。

現在の国際難民保護レジームでは国家は自国の領域内にいる難民を保護するという国際的な義務を有するが，他国にいる難民を定住させる義務はない。第三国定住は法的権利として認知されておらず，第三国定住受入の対象となる難民，第三国定住に伴う国際・国内法的権利などの明確な国際的基準やコンセンサスは確立されていない。あくまでもどの難民を第三国定住の枠組みで受け入れるか（あるいは受け入れないか）は第三国定住受入国の裁量に委ねられている。第三国定住は受入国の政治（および経済）的関心に基づき実施される傾向が強い。カナダの事例から明らかなように，国家は単なる人道的な理由から第三国

第 7 章　国際的難民保護の「物理的負担分担」と第三国定住受入国の動向

定住難民を受け入れているわけではない。その結果，実際の第三国定住政策と国際的難民保護の文脈で考えられている第三国定住の目標や役割は必ずしも合致していない。しかし，第三国定住は国際難民保護を実現するための重要な方策の１つであることに変わりはない。途上国の難民受入国の負担分担に寄与し，難民の権利を保護することと，第三国定住受入国の政治的動機を合致させた制度をどのように国際的に実現できるのかは非常に難しい課題である。

注
1) CBC, "From Far and Wide: Justin Trudeau Move to Tears", Youtube, December 2016, https://www.youtube.com/watch?v=NvTKtqODneQ (accessed 20 December 2017).
2) Olivia Blair, "Justin Trudeau Cries as He is United with Syrian Refugees He Welcomed to Canada a Year Ago", *The Independent*, 7 December 2016, http://www.independent.co.uk/news/people/justin-trudeau-cries-syrian-refugee-reunion-canada-pm-video-watch-a7460166.html (laccessed 20 December 2017).
3) UNHCR, "Canada's 2016 Record High Level of Resettlement Praised by UNHCR", 24 April 2017, http://www.unhcr.org/news/press/2017/4/58fe15464/canadas-2016-record-high-level-resettlement-praised-unhcr.html (accessed 21 December 2017).
4) Ian Austen, "In Canada, Justin Trudeau Says Refugees are Welcome", *The New York Times*, 28 Jan 2017, https://www.nytimes.com/2017/01/28/world/canada/justin-trudeau-trump-refugee-ban.html (accessed 22 December 2017).
5) Ashifa Kassam, "Trudeau Forced to Backtrack on Open Invitation to Refugees", *The Guardian*, 25 August 2017, https://www.theguardian.com/world/2017/aug/25/justin-trudeau-forced-to-backtrack-on-open-invitation-to-refugees (accessed 22 December 2017).
6) Government of Canada, Canada-U.S. Safe Third Country Agreement, https://www.canada.ca/en/immigration-refugees-citizenship/corporate/mandate/policies-operational-instructions-agreements/agreements/safe-third-country-agreement.html (accessed 21 December 2017).
7) Kassam, *op.cit.*
8) Canadian Council For Refugees, "Why We are Challenging the USA as a "Safe Third Country" in the Federal Court of Canada", Dec 2017, http://ccrweb.ca/en/safe-third-country-challenge-explanation (accessed 22 December 2017).
9) UNHCR, *The State of World's Refugees 2006: Human Displacement in the New Millennium*, Oxford University Press, 2006, p.225.
10) UNHCR, *State of World's Refugees 2000: Fifty Years of Humanitarian Action*, Oxford University Press, 2000, pp.321-324.
11) Canadian International Development Agency (CIDA), United Nations High

Commissioner for Refugees (UNHCR)-CIDA Founded Projects, http://www.acdi-cida.gc.ca/cidaweb/cpo.nsf/fWebProjListEn?ReadForm&profile=HCR-UNHCR (accessed 6 Jan 2013).

12) Agreement between the Government of Canada and the Government of the United States of America for Cooperation in the Examination of Refugee Status Claims from Nationals of Third Countries, http://www.cic.gc.ca/english/department/laws-policy/safe-third.asp (accessed 13 August 2014).

13) CIC, "Speaking Notes for The Honourable Jason Kenny, P.C. (Privy Council), M.P. (Member of Parliament) Minister of Citizenship, Immigration and Multiculturalism, http://www.cic.gc.ca/english/department/media/speeches/2011/2011-12-07.asp (accessed 13 August 2014).

14) 歴史的にカナダは「難民」と「移民」を厳格に区別することなく、カナダに定住を希望する人々を審査し、受入の可否を決めてきた。1869年移民法、1906年移民法、1910年移民法には難民に関する言及はない。グローバル・レベルでは1951年難民条約が制定され、1954年に発効するが、カナダで難民のカテゴリーが初めて明記されたのは、1976年移民法であった。

15) 田村知子「カナダの新移民法──グローバル化と知識集約型経済への挑戦」『国際関係学研究』第29号, 2003年, 22頁。

16) Martin Jones and Sasha Baglay, *Refugee Law*, Lrwin Law, 2007, pp. 6-7.

17) IRO の保護対象者に関しては、以下参照。小澤藍『難民保護の制度化に向けて』国際書院, 2012年, 68〜71頁。

18) Nettle Kelley and Michael Trebilcock, *The Making of the Mosaic: A History of Canadian Immigration Policy*, 2nd ed., University of Toronto Press, 2010, p. 343.

19) Jones and Baglay, *op.cit.*, p. 7.

20) Kelley and Trebilcock, *op.cit.*, pp. 345-347.

21) *Ibid.*, pp. 347-348.

22) 田村, 前掲論文, 23頁。

23) 1966年に CIC は労働省と合併し、人的資源・移民省が設立された。両省合併の最大の目的は移民の規模と構成を国内労働市場のニーズにマッチさせることであった。

24) Kelley and Trebilcock, *op.cit.*, pp. 365-366.

25) RCMP はカナダでは連邦警察に該当する。

26) Kelley and Trebilcock, *op.cit.*, pp. 345-366.

27) Jones and Baglay, *op.cit.*, p. 9.

28) Kelley and Trebilcock, *op.cit.*, pp. 367-369. 連邦政府の政策を支持する政治家もいた。

29) 田村, 前掲論文, 23〜24頁。

30) Jones and Baglay, *op.cit.*, p. 11.

31) *Ibid.*

32) Kelley and Trebilcock, *op.cit.*, pp. 402-403.

33) *Ibid.*, p. 404.

34) 住吉良人「カナダにおける移民政策と難民問題」『法律論叢』第62巻第4・5・6巻，1991年，131頁。
35) Jones and Baglay, *op.cit.*, pp.13-14.
36) *Ibid.*, pp.14-15.
37) Kelley and Trebilcock, *op.cit.*, p.408.
38) しかしこの決定は，実際には2002年まで実施されなかった。Jones and Baglay, *op.cit.*, p.18.
39) *Ibid.*, p.19.
40) 第1項では，カナダの難民政策の目的が，人命の救助であり，強制的に追放された者，政治的迫害の恐れがあるものを保護することであると記載されている。第2項から4項には，国際難民条約の順守や，政治的迫害を受けた者に対する公正な取扱い，差別や迫害の恐れがある者に対する保護が記載されている。
41) 実際には RAD の設立は長らく留保されていた。
42) これに該当するのは，カナダで少なくとも10年以下の懲役に相当する犯罪を犯し，懲役2年以上の刑を科せられている場合，もしくはカナダで懲役10年以上の刑に相当する犯罪を他国で犯し，有罪判決を受けている場合である（阿部浩己「カナダの移民・難民法制―在外研究覚書2005」『神奈川学院法学』第2・3号，2005年，52～53（337～338）頁）。
43) 2003年のコロンビア人の難民認定率をみると，カナダでは80％，アメリカでは40％以下であり，難民認定許容度が異なると言われている。また，アメリカには非人道的な条件下での収容や本国への強制送還など，庇護申請者の生命や自由が侵害される危険性があると指摘されている。なお，「安全な第三国」の適用には例外がある。例外に関しては，以下参照。阿部，前掲論文，60～61（345～346）頁。
44) 阿部浩己『抗う思想／平和を創る力』信山社，2008年，113頁。
45) CIC, "Minister Sgro Announces Reform of the Appointment Process for Immigration and Refugee Board Memebers", http://www.cic.gc.ca/english/department/media/releases/2004/0403-pre.asp (accessed 12 April 2013).
46) See, Sean Rehaag, "2011 Refugee Claim Data and IRB Recognition Rates", 12 March 2012, http://ccrweb.ca/en/2011-refugee-claim-data (accessed 3 March 2013); Sean Rehaag, "Troubling Patterns in Canadian Refugee Adjudication", *Ottawa Law Review*, Vol.39, No.2, pp.335-365.
47) Kelley and Trebilcock, *op.cit.*, pp.446-451.
48) 阿部，前掲論文，80～88（365～373）頁。
49) Kelley and Trebilcock, *op.cit.*, pp.449-451.
50) カナダではこれまで出身地，入国方法に関係なく庇護申請者を一律に審査し，難民認定（または不認定）を行ってきたが，新制度では連邦政府が指定した安全認定国（Designed Countries of Origin: DOC）の出身者とそうでない国の出身者を分け，異なる審査制度が設けられることになった。DOC 出身の庇護申請者の国外退去までの期間は推定45日で，DOC 以外の国から来た者が庇護申請を行う場合は，60日以内に審査を受

けたうえで，240日以内で全審査プロセスが終了することになっている。なお，DOC 出身の庇護申請者は申請期間中就労できず，健康保険の受給資格はなく，認定結果に対して異議を申し立てることができない。

51) CIC, Backgrounder: Designated Countries of Origin, December 16, 2012, http://www.cic.gc.ca/english/department/media/backgrounders/2012/2012-02-16i.asp (accessed 2 August 2013). 2013年6月の時点で安全認定国に認定されているのは，オーストラリア，オーストリア，ベルギー，チリ，クロアチア，キプロス，チェコ，デンマーク，エストニア，フィンランド，フランス，ドイツ，ギリシャ，ハンガリー，アイスランド，アイルランド，イスラエル（ただしウエスト・バンク，ガザを除く），イタリア，日本，ラトヴィア，リトアニア，ルクセンブルク，マルタ，オランダ，ニュージーランド，ノルウェー，ポーランド，ポルトガル，スロヴァキア，スロヴェニア，韓国，スペイン，スウェーデン，スイス，英国，アメリカ合衆国である。

52) CIC, Backgrounder, Designed Countries of Origin, February 13, 2013, http://www.cic.gc.ca/english/department/media/backgrounders/2012/2012-11-30.asp (accessed 2 August 2013).

53) CIC, Interim Federal Health Program: Summary of Benefits, December 14, 2012, http://www.cic.gc.ca/english/refugees/outside/summary-ifhp.asp (accessed 2 August 2013).

54) CIC, Faster Removal of Foreign Criminal Acts Becomes Law, June 20, 2013, http://www.cic.gc.ca/english/department/media/backgrounders/2013/2013-06-20.asp (accessed 2 August 2013).

55) 大岡栄美「『安全』かつ『効率的』管理に向かう難民庇護―カナダ保守党政権における難民政策再編とその影響」2013年度日本比較政治学会報告用ペーパー，3頁。

56) CIC, Immigration backlog reduced by forty percent, http://www.cic.gc.ca/english/department/media/releases/2013/2013-03-26.asp (accessed 2 August 2013).

57) CIC, Joint Assistance Program-Sponsoring Refugee with Special Needs, October 11, 2012, http://www.cic.gc.ca/english/refugees/sponsor/jas.asp (accessed 2 August 2013).

58) CIC は2001年から2010年までエルサルバドル，ガテマラ，スーダン，コロンビア，コンゴ民主共和国，シエラレオネを原因国に指定していた。Citizenship and Immigration Canada, Operation Bulletin 346, October 7, 2011, http://www.cic.gc.ca/english/resources/manuals/bulletins/2011/ob347.asp (accessed 2 August 2013).

59) SAH 所持団体に関しては，以下参照。http://www.cic.gc.ca/english/refugees/sponsor/list-sponsors.asp (accessed 2 August 2013).

60) CIC, Guide to the Private Sponsorship of Refugee Program, October 15, 2012, http://www.cic.gc.ca/english/resources/publications/ref-sponsor/section-2-09.asp (accessed 2 August 2013).

61) カナダ - ケベック協定に基づき，ケベック州政府は第三国定住の受入を独自に決定する。

62) Jones and Baglay, *op.cit.*, p. 208.

63) CCR, "Concerns with Refugee-Decision Making at Cairo", January 2010, http://oppenheimer.mcgill.ca/IMG/pdf/CairoConcerns.pdf (accessed 15 September 2013).
64) CCR, Disturbing Upsurge in Rejections of Eritrean Refugees in Cairo by Canada, 30 November 2009, http://ccrweb.ca/en/bulletin/09/11/30 (accessed 15 September 2013).
65) Jallow v. Canada (Minister of Citizenship and Immigration) F. C. J. No. 1452, 1996. またオラハ裁判（Oraha V Canada (Ministry of Citizenship and Immigration)）において再びシン判決の第三国定住ケースへの適用が議論された。このケースではオラハの弁護団は，原告は面接のためにカナダ大使館にいたことから，原告はカナダ国内で条約難民の庇護申請をしていたと主張した。しかし，連邦裁のギブソン判事は，「原告のように，カナダ国外で申請を行うか，申請中にカナダ国外にいた場合，面接もしくは他の用務でカナダ大使館に短期間いただけでカナダ国内で庇護申請を行っているといえない」と述べ，原告側の主張を退けた。Oraha v. Canada (Minister of Citizenship and Immigration) F. C. J. No. 788, 1997.
66) UNHCR Resettlement Handbook, Country Chapter Canada, July 2011, Revised June 2013, p. 8, http://www.unhcr.org/3c5e55594.html (accessed 2 August 2013).
67) Shauna Labman, *At Law's Border: Unsettling Refugee Resettlement*, A Thesis Submitted in Partial Fulfilment of the Requirements for the Degree of Philosophy in the Faculty of Graduate Studies, University of British Columbia, December 2012, pp. 129-130.
68) CIC, Annual Report to Parliament on Immigration 2012, http://www.cic.gc.ca/english/pdf/pub/annual-report-2012.pdf (accessed 3 August 2013).
69) Catherin Dauvergne, *Humanitarianism, Identity, and Nation: Migration Laws of Australia and Canada*, University of British Columbia Press, 2005, p. 75.
70) CIC, The Refugee System, Humanitarian Tradition, http://www.cic.gc.ca/english/refugees/canada.asp (accessed 4 August 2013).
71) See, for an example, Michael Barnett and Thomas G. Weiss eds., *Humanitarianism Contested*, Routledge, 2011.
72) UNHCR, Resettlement Handbook, Country Chapter Canada, July 2011, Revised June 2013.
73) IMDB 2008 Immigration Category Profiles, Government-Assisted Refugees: Findings From the Longitudinal Immigration Database (IMDB), March 2012, p. 4.
74) IMDB 2008 Immigration Category Profiles, Privately Sponsored Refugees: Findings From the Longitudinal Immigration Database (IMDB), March 2012, p. 4.
75) Shauna Labman, "Resettlement's Renaissance: A Cautionary Advocacy", *Refuge*, Vol. 23, No. 2, 2007, p. 42.
76) CIC, Backgrounder, Group Resettlement to Canada: Karen Refugees in Mae La Oon Camp, Thailand, June 20, 2006, http://www.cic.gc.ca/english/department/media/backgrounders/2006/2006-06-20.asp
77) CIC, Resettling Bhutanese Refugees-Update on Canada's Commitment, January 13,

2013, http://www.cic.gc.ca/english/refugees/outside/bhutanese.asp
78) CIC, News Release, Canada to Resettle More Iraqi Refugees, October 23, 2010, http://www.cic.gc.ca/english/department/media/releases/2010/2010-10-23.asp
79) CIC, News Release, Canada to Welcome 5000 Refugees Now in Turkey, January 15, 2013, http://www.cic.gc.ca/english/department/media/releases/2013/2013-01-15.asp
80) UNHCRによると2012年末の時点で，難民送出数が最も多い上位10ヶ国は，アフガニスタン，ソマリア，イラク，シリア，スーダン，コンゴ民主共和国，ミャンマー，コロンビア，ヴェトナム，エリトリアであった（UNHCR, Global Trends 2012, p.13）。
81) CIC, News Release, Expanding Canada's Refugee Resettlement Programs, 29 March 2010, http://www.cic.gc.ca/english/department/media/releases/2010/2010-03-29.asp
82) Interview with D Pressé, Director, Refugee Resettlement, Refugee Affairs Branch, Citizenship and Immigration Canada, May 18, 2011.
83) CIC, Processing Time for Government-Assisted Applications, July 26, 2013, http://www.cic.gc.ca/english/information/times/perm/ref-government.asp (accessed 15 August 2013).
84) CIC, Processing Time for Privately Sponsored Refugee Applications, July 26, 2013, http://www.cic.gc.ca/english/information/times/perm/ref-private.asp (accessed 15 August 2013).
85) CCR, Important Changes in Canada's Private Sponsorship of Refugee Program, January 2013, http://ccrweb.ca/en/print/17556 (accessed 20 February 2013).
86) 阿部，前掲論文，50～51（335～336頁）。
87) CIC, Operation Manual, OP5, Oversea Selection and Processing of Convention Refugee Abroad Class and Members of the Humanitarian-Protected Persons Class, 2009-08-13, p. 13, http://www.cic.gc.ca/english/resources/manuals/op/op05-eng.pdf (accessed 21 August 2013).
88) CCR, Comments on Proposed Elimination of Source Country Class, 18 April 2012, http://ccrweb.ca/en/comments-proposed-elimination-source-country-class (accessed 21 August 2013).
89) CIC, News Release-Government of Canada Creates Special Immigration Measures to Recognize Contribution of Afghan Staff in Kandahar, September 15, 2009, http://www.cic.gc.ca/english/department/media/releases/2009/2009-09-15.asp (accessed 13 August 2013).
90) CCR, Important Changes in Canada's Private Sponsorship of Refugee Program, http://ccrweb.ca/en/changes-private-sponsorship-refugees#FN3 (accessed 21 March 2013).
91) CRC, Refugee Health Care: Impacts of Recent Cuts, February 2013, pp. 3-4.
92) Canada Gazette, Immigration and Refugee Protecting Act, Regulations Amending the Immigration and Refugee Protection Regulations, P. C. 2012-1369 October 18, 2012, http://www.gazette.gc.ca/rp-pr/p2/2012/2012-11-07/html/sor-dors225-eng.html (accessed

21 March 2013).
93) これに関しては，以下参照。杉木明子「サハラ以南アフリカの難民と定住化―ウガンダの事例から」小倉充夫・駒井洋編著『ブラック・ディアスポラ』明石書店，2011年。
94) 例えば，パキスタンではアフガニスタン難民は特別な場合を除いて難民として認定されていない。またタイでは，カレン系ミャンマー人のみが難民として認定されている。また多くの国ではゲイ，レズビアン，バイセクシュアル，トランスジェンダーなどの理由で差別や迫害を受けている人々を難民として認定していない。同様にジェンダーに基づく迫害や都市難民なども法的に認定されていないケースが多くみられる。
95) Refugee Reform Initiative, Improving Canada's Asylum System, http://www.cbsa-asfc.gc.ca/agency-agence/refugee-refugie/ (accessed 3 August 2013).
96) Getrud Neuwith, "Refugee Resettlement", *Current Sociology*, Vol. 36, No. 2, June 1988, p. 28.
97) 大岡，前掲論文，13〜14頁。
98) CIC, Archived-Making Canada's Asylum System Faster and Fairer New Asylum System Comes into Force December 15, 2012, November 30, 2012, http://news.gc.ca/web/article-en.do?nid=709819 (accessed 2 August 2013).
99) For example, see, Petra Molnar Diop, "The "Bogus" Refugee: Roma Asylum Claimants and Discourses of Fraud in Canada's Bill C-31", *Refuge*, Vol. 30, No. 1, p. 68, 2014.
100) Editorial "Keeping a lookout for Tigers", *The Globe and Mail*, August 11, 2010, http://www.theglobeandmail.com/commentary/editorials/keeping-a-lookout-for-tigers/article1376911/ (accessed 2 August 2013).
101) Martin Collacott, "Reforming the Canadian Refugee Determination System", *Refuge*, Vol. 27, No. 1, 2010, pp. 112-113.
102) CIC, News Release, Expanding Canada's Refugee Resettlement Programs, 29 March 2010, http://www.cic.gc.ca/english/department/media/releases/2010/2010-03-29.asp (accessed 15 August 2013).
103) Ministry of Finance, Economic Action Plan 2012, March 2012, p. 263.
104) CIC, Summative Evaluation of the Private Sponsorship of Refugee Program, Final Report, April 2007, http://www.cic.gc.ca/english/resources/evaluation/psrp/psrp-summary.asp (accessed 30 August 2013).
105) CCR, Important Changes in Canada's Private Sponsorship of Refugee Program, January 2013, http://ccrweb.ca/en/print/17556 (accessed 20 August 2013).
106) CIC, Canada's Commitment to Iraqi Refugees Remains Strong, http://news.gc.ca/web/article-en.do?nid=598059&_ga=1.53051048.1691710426.1409832793 (accessed 8 October 2013).
107) CIC, Blended Visa Office Referred Program-Sponsoring Refugees, http://www.cic.gc.ca/english/refugees/sponsor/vor.asp (accessed 8 September 2013).
108) CIC, How is the Blended Visa Office-Referred Program Different From the Regular Private Sponsorship of Refugee Program?, http://www.cic.gc.ca/english/helpcentre/

answer.asp?q=770&t=11 (accessed 20 September 2014).
109) CIC, How Does the Blended Visa Office-Referred Program Work?, http://www.cic.gc.ca/english/helpcentre/answer.asp?q=769&t=1 (accessed 20 September 2014).
110) Howard Adelman, *Canada and the Indochina Refugees*, L. A. Weigl Education Associates, 1982, p. 85.
111) Shauna Labman, *At Law's Border*, p. 151.
112) *Ibid.*, pp. 155-159.
113) Cathaerine Dauvergne, *Humanitarinaism, Identiy and Nation: Migration Laws of Australia and Canada*, UBC Press, 2005, p. 93.
114) CCR, Important Changes in Canada's Private Sponsorship.
115) Carol Sanders, "Immigration Advocates Expect Little Will Change, But Hope New Minister Revisits "Contentious Policies"", *Winnipeg Free Press*, July 17, 2013, http://www.winnipegfreepress.com/local/immigration-advocates-expect-little-will-change-215784931.html (accessed 20 September 2013).
116) CBC 'Canada Took Fewer Refugees Last Year, Despite Pledge', March 8 2013, http://www.cbc.ca/news/politics/canada-took-fewer-refugees-last-year-despite-pledge-1.1366888
117) CCR, CCR Decries Dramatic Drop in Refugees Resettled to Canada, 7 March 2013, http://ccrweb.ca/en/bulletin/13/03/07
118) 加藤普章「カナダ外交と人間の安全保障論―その意義と取り組み」勝俣誠編著『グローバル化と人間の安全保障―行動する市民社会』日本経済評論社, 2001年, 328～330頁。
119) 吉田健正『カナダはなぜイラク戦争に参戦しなかったのか』高文研, 2005年, 147～194頁。
120) Andrew Lui, *Why Canada Cares: Human Rights and Foreign Policy in Theory and Practice*, McGill-Queen's University Press, 2012, pp. 119-163.
121) For example, see, Prof. James Milner at the Immigration and Citizenship Committee, May 2, 2012, https://openparliament.ca/committees/immigration/41-1/37/prof-james-milner-4/only/ (accessed 3 October 2013).
122) Michael Ignatieff, Canada in the Age of Terror-Multilateralism Meets A Moment of Truth, Options Politiques, February 2013, p. 17.
123) Alison Brysk, *Global Good Samaritans: Human Rights as Foreign Policy*, Oxford University Press, 2009, p. 22.
124) Betts and Durieux, *op.cit.*, pp. 513-514.
125) See, High Commissioner's Forum, Multilateral Framework of Understanding on Resettlement, FORUM/2004/6, 16 September 2004.
126) Adèle Dion, "Comprehensive Solutions: A 'Whole-of-Government' Approach", *Forced Migration Review*, Issue 33, September 2009, pp. 28-29.
127) これまでのカナダの取り組みに関して, 以下参照。http://www.acdi-cida.gc.ca/cida

web/cpo.nsf/fWebProjListEn?ReadForm&profile=HCR-UNHCR (accessed 15 October 2014).
128) 吉田, 前掲書, 183〜184頁。
129) CCR, "CCR Decries Dramatic Drop in Refugee Resettled to Canada", 7 March 2013, http://ccrweb.ca/en/bulletin/13/03/07 (accessed 6 October 2014).

終　章

「誰もが難民になることを望んで難民になるわけではありません。だから庇護を求めてきたブラザー，シスターたちを助けることは，人間として当たり前のことなのです。」(Mr. George Tinkamanyire, LC V (District) Chairman, Hoima District, February 2007)

「自分はどうなってもいいから，今の現状を伝えてほしい。せめて，自分の生きていたという証として，何が起きたのか記録に書き留めてほしい。」(ルワンダ難民 J. B., August 2017)

「難民を助けるって，そんな特別なことじゃないのよ。新しく越してきた人が新しく生活できるようにちょっと手伝うだけ。だって，友人や親戚が近くに越して来たら，手伝うでしょ？　何かできることが楽しいからボランティアをしているだけよ。」(カナダ人 JJ, March 2011)

いま，世界各地で「憎悪」が満ち溢れている。凄惨な殺戮，深刻な人権侵害，庇護を求めて移動する人を阻止する動きや「自国第一主義」を掲げ，多様性を排除しようとする人々。特に2011年以降，急増する庇護希望者の移動は，多発するテロや安全保障上の問題とも重ね合わされ，難民を安全保障上の脅威や自国の経済や社会にトラブルを持ち込む問題がある人たちとみなす傾向が強い。人権保護や民主主義を標榜し，比較的寛大に難民を受け入れてきた欧米諸国も例外ではない。しかし，このような状況は，決して新しい現象ではない。過去にも大量難民が発生すると，しばしば多くの国は難民の受入を拒否したり，難民に対する人権侵害を黙認し，迫害に加担するケースがみられた。例えば，1939年，ナチスの迫害から逃れるためにユダヤ人907名が乗船したセント・ルイス号は，キューバとアメリカで受入を拒否され，カナダに到着した。だが，カナダ政府の官僚は「0でも多すぎる (zero is too many)」と追い返し，ヨーロッ

パに戻ったユダヤ人のうち約254名はホロコーストにより命を失った[1]。同様の悲劇はいまも様々な地域で起きており，国際難民レジームは形骸化しつつある。

急増する難民の増加や受入に伴う負担を憂慮し，難民の支援には「善意の上限」があり，難民に冷たいことは悪いことではないなどと論じ，国際難民レジームからの離脱を示唆する論調を展開する書籍なども見られるが[2]，多くの場合，難民問題は対処できない問題ではない。数は少ないものの，国家間が協力し，難民問題の恒久的解決が実現した事例はある。難民問題が解決できないのは，「善意の上限」ではなく，政治的意思の欠如である。

本書は，難民問題が深刻化する度ごとにその必要性が提唱されてきた国際的難民保護の負担分担に関して考察してきた。

第1章において，なぜ難民保護のために負担分担を行わなければならないのかを考察した。約80％の難民はグローバル・サウスに居住しており，とりわけ難民発生国の隣国は難民の受入に多大な負担を担うこととなった。しかし，グローバル・ノースのドナー諸国による財政的負担分担，物理的負担分担は十分とは言い難い。財政的負担分担として実施されているUNHCRへの拠出金は使用目的が限定されている場合が多く，負担分担の恩恵を得られる国が選別されている。物理的負担分担として行われている第三国定住もその対象になる難民は全体の難民の約1％に過ぎない。したがって，グローバル正義の文脈では「北」の富裕国には，貧窮国の難民受入国へ支援することは道義的責任がある。しかし，国家が負担分担を担うべき道義的責任がただちに国家が国際的負担分担に関与する誘因になるわけではない。難民保護の負担を担うことと国益に直接的または間接的に結びついている場合が少なくない。

このことは，**第2章**で概観した主要な国際的負担分担の取組でもみられる。現在の国際難民レジームにおいて，負担分担に関しては法的拘束力を有する規範は存在しないが，深刻な難民問題が発生した際，負担分担に関する国際協力が模索され，実際に成果をあげた事例もある。特に1987年から95年にかけての中米難民国際会議（CIREFCA）と1988年から96年にかけてのインドシナ難民包括行動計画（CPA）は負担分担の成功例と言われている。この2つが成功した

終　章

背景には，①問題を関係諸国が高い政治課題とみなし，②鍵となる国（または組織）が関与を続け，③難民問題が他の重要な政治問題とリンクされたことである。そのためドナーが国際的負担分担を行うことは国益に適うと判断し，負担を担ったのである。

このような成果をあげた事例はあるものの，世界政府や超国家機関が存在しない国際社会では，難民保護の負担分担のために国家間が協調することは容易ではない。**第3章**では，国家間の協力を阻むフリーライド問題をグローバル公共財に関する理論やゲーム理論から検討した。ここで留意したいのは，国際的負担分担は非競合性，非排除性を有する公共財であるとともに，排除性のある私的財でもあるということである。そのため，純粋な公共財の供給で生じる，フリーライド問題が起きる可能性は低くなる。他方，私的財であるため，国益と公共財の供給が結びつき，ドナーの意向で公共財が供給されない可能性が生じる。ドナーである「北」と難民受入国の「南」の関係は対等ではないことから，「説得ゲーム」のアプローチを適用して，国際的負担分担に関する国家間の協力を分析すると，「南」が「北」に対してバーゲニング・パワーを有していないことが明らかになる。この状況を「南」の国が打開する方策としては，国境封鎖，イシュー・リンケージ，通過容認，リフレーミングがあるが，必ずしも有効に機能するわけではない。

国際的負担分担の最大の目的は，「南」の受入国が直面する難民の受入に伴う負担を軽減することにより，難民の権利を保護し，難民が尊厳のある生活を送ることである。国際的な負担分担と難民の権利の関係をみた場合，財政的負担分担の場合は，一概に負担分担が難民の権利と連関しているとは言えない。特に受入国政府が難民の受入や現地社会統合に消極的な場合，財政的負担分担が庇護国の政策に影響を与えることはほぼない。しかし，**第4章**のウガンダの事例から明らかなように，財政的負担分担を国家の開発と結びつけ，移動の自由や就労の権利など難民の諸権利を保護することは，難民の経済活動を通じた経済的自立を可能とし，庇護国の経済へも貢献することとなる。また，**第5章**でみたように，デンマークでは右派中道政権であるフォー・ラスムセン政権誕生により，国内では難民の受入や開発援助を削減するなど従来の寛大な難民支

援に反する政策が掲げられた。しかし，難民開発援助を「南」の難民受入国へ供与することは国益と合致すると判断され，他のドナーが援助を削減しているなかで，デンマークはザンビアなどへの難民開発援助を継続した。そして，その支援は少なからず庇護国の負担を軽減することとなった。他方，物理的負担分担である第三国定住は様々な恩恵を難民にもたらすことは自明のこととみなされてきた。だが**第6章**と**第7章**でみたように，第三国定住の対象となる難民が限定され，その運用には問題が多々ある。また第三国定住は受入国の裁量が大きく働いており，公平性や平等性に問題がある。

　難民問題はモラルや人道的な問題であるとともに，極めて政治的な問題である。これまでアドホックな形で実施されてきた負担分担の試みは，様々なアクターが試行錯誤の上，時に協力し，時に対立しながら積み重ねてきたものである。そこからみえてくるのは，乖離する理想と現実をつなぎ，人道的な理念と国益を結びつけた国家間の協調をいかに実現するかという挑戦でもある。

　難民保護のための国際的負担分担が実施されてきたプロセスをみると，言説化した従来の二項対立と異なる，新たな可能性がみえてくる。それは国際的負担分担がグローバルな公共財であるとともに，「結合生産」であるからである。フォー・ラスムセン政権下のデンマーク，ハーパー政権下のカナダは従来の寛大な難民政策を転換し，難民の受入を制限することを表明したが，財政的負担や物理的負担分担には積極的に貢献している。むろんこれらの国が負担分担にコミットしてきたのは，利他的理由からではなく，国家が重視する他の重要な問題が絡んでいるためである。イシュー・リンケージ（またはインタレスト・リンケージ）ができる問題や，優先順位が低い国（や地域）に対しては難民の受入に伴う負担が軽減される可能性がある。クォータ制に基づく負担分担のメカニズムをグローバル・レベルで制度化されることは，負担分担の公正性と平等性を確保するためには必要であり，集権的な負担分担メカニズムをつくることが求められている。

　むろん，より公正で平等な国際的負担分担を実現することは容易でない。しかしながら，特定の問題に対応するためにアドホックな形ではあるものの，国家間が協力し，負担分担が制度化されることによって難民問題の恒久的解決が

実現したことは，負担分担を実現するために，どのようなアプローチをとるべきか，そしてどのような計画や方策を回避すべきかを考える上で有用である。近年，非国家主体が難民の保護に関与し，時として政府に対して国際的負担分担にコミットするように促したり，民間団体のイニシアティブが受入国の負担を軽減することに寄与するケースもみられるようになってきている。グローバル・レベルでの負担分担の制度化をめざすことは困難を伴うが，同時に，小さな負担分担に向けた試みを積み重ね，実績を重ねていく，いわば「ビルディング・ブロック」的アプローチから始めることは小さな一歩であるかもしれないが，着実な歩みとなるかもしれない。重要なのは，難民問題に対処するために広大な理想を説く「空論」でもなければ，難民問題を対処不可能な問題として支援のあり方を否定する「悲観論」でもない。難民問題の根本的な解決には，難民が発生する諸問題（人権侵害，紛争，「悪い統治」等）に対処する必要がある。同時にすでに発生している難民問題を少しでも改善しようとするならば，国際的負担分担を制度化すべきである。それは，道義的，倫理的に正しいだけでなく，長期的に地域の安定，国際秩序の構築につながり，「グローバル・ノース」の利益にもつながるからである。

　栗本が指摘するように，従来の難民研究は，（A）難民の定義や保護などに関する法学的研究，（B）難民を生み出す要因や難民政策に関する政治学的研究，（C）難民に対する援助や支援に関する実学的研究が主流であった。これらはいずれも「上からの」視点に立った研究であり，難民の生活世界とそこで生きることとはいかなることなのかを「下からの」「内側からの」視点から問う研究の流れとは対置されると述べている[3]。

　本書では，難民の視点から難民の庇護国での生活や，難民の移動に伴う受入地域へのインパクトや難民を取り巻く社会的ネットワークの分析なども考慮しつつ，「上からの」視点で国際的負担分担を考察してきた。しかし，国際的負担分担を行う本質的な目的は難民の保護である。主体性とレジリエンスを有する難民からみた財政援助や第三国定住の意義を十分に分析することができなかった。特に難民の視点から国際的負担分担によって提供される支援を考えることは，難民保護の「質」の問題を問いなおす上でも重要であり，今後の課題

としたい。

注
1) M. S. St. Louise, Historica Canada, http://www.thecanadianencyclopedia.ca/en/article/ms-st-louis/
2) 墓田桂『難民問題―イスラム圏の動揺，EU の苦悩，日本の課題』中央公論新社，2016年。
3) 栗本英世「難民を生み出すメカニズム―南スーダンの人道危機」人見泰弘編著『難民問題と人権理念の危機―国民国家体制の矛盾』明石書店，2017年，76頁。

あとがき

　本書も，ある種の「人の移動」に伴う産物である。今から思えば，筆者が国際的な人の移動を考えるきっかけになったのは，大学進学のために上京した頃になる。当時，「バブル経済」真っ盛りであった東京では「出稼ぎ労働者」と呼ばれる人々が毎週末代々木公園に集まり，日本で外国人労働者の受入に関して本格的に議論が行われていた。大学学部生時に1年間留学したイギリスで，インド，パキスタン，バングラディシュなどから来たアジア系の移民が多く住む，イースト・エンドと呼ばれるロンドン東部に住んだことは，難民・移民問題を現実の問題として体験する機会となった。

　修士・博士課程在籍時代は，人権問題，民族紛争・内戦および安全保障に関連した研究を行っていたが，博士課程が終盤に入った2001年頃，当時留学していたイギリスでは，難民問題が再び政治問題化し，「不法移民」に対する罰則規定や「難民封じ込め政策」が強化され，「難民出身地域での保護」や「負担分担」に関する議論が浮上していた。筆者が居住していた地域でも，難民となること自体が「罪」であるかのように，グローバル・サウスから来た難民に対して人種差別的で排斥的な言動をする人々に直面した。その頃から，どうしたら難民の権利を保護するとともに，難民問題の改善に寄与できるのかを，調査・研究したいと思うようになった。

　本書は2004年以降，アフリカの様々な難民受入国（主にザンビア，ウガンダ，ケニア，タンザニア）と主要なドナーであるデンマーク，イギリス，カナダ，UNHCR本部などで調査・研究した成果の一部である。紙幅の関係上すべての方々のお名前を記すことはできないが，筆者に協力してくれた方々に心からお礼を申し上げたい。もちろんすべての人がインタビューを快諾してくれたわけではない。時には，「リサーチャーは自分たちの話を聞き，同情しているような顔して，色々約束して帰るけど，何も変わらないじゃないか！」といった憤りや失望感をあらわにし，不信感や反感を抱く方たちにも出会った。時に聞い

ているだけで胸が張り裂けそうな悲惨な体験を語る人々や、非常に高い能力やスキルがあるにもかかわらず、難民であるがゆえに制約に直面している人々に出会った。これらの人々に出会い、幾度も自分の無力さを痛感した。同時に、逆境や困難を乗り越えようとする人々のレジリエンスや逞しさに幾度となく感銘を受けた。難民は同質で一元的な集団ではなく、彼（女）らの持つバックグラウンドや能力は実に多様である。援助に依存せざるをえない人々がいることは否めないが、機会と適切な支援が与えられたならば、自らの機知と才覚で新たな生活の活路を見出すことができる人々も多い。だが、世界で最も多く難民が居住する途上国では、難民のみならず多くの人々が厳しい経済状況に直面している。このような状況だからこそ、難民とその受入国へ支援を届ける現実的な方策を見出し、受入地域の負担を分担することが必要である。それは長期的には地域や世界秩序の安定にも貢献すると考えられる。

　本書は書きおろしと、これまでに刊行した論考を大幅に加筆・修正してまとめたものである。本書のもとになった論考の初出は下記のとおりである。

* 「難民開発援助と難民のエンパーワメントに関する予備的考察―ウガンダの事例から」『神戸学院法学』第37巻第1号、2007年
* 「国際的難民保護の『負担分担』と難民開発援助に対するドナーの動向―デンマークの事例から」『神戸学院法学』第39巻第1号、2009年
* 「国際的難民保護の『物理的負担分担』と第三国定住受入国の動向―カナダの事例から」『神戸学院法学』第44巻第2号、2014年
* 「ウガンダの挑戦―難民の経済活動と新たな難民政策の可能性」『歴史地理教育』No.865（2017年6月号）
* 「アフリカにおける強制移動民と『混合移動』―ソマリアの事例から」『国際問題』No.662（2017年6月号）
* 「サハラ以南アフリカの難民と定住化―ウガンダの事例から」駒井洋・小倉充夫編著『ブラック・ディアスポラ』明石書店、2011年
* 「長期滞留難民と国際社会の対応―アフリカの事例から」『難民・強制移動民研究のフロンティア』現代人文社、2014年

＊「アフリカにおける難民保護と国際難民レジーム」川端正久・落合雄彦編著『アフリカと世界』晃洋書房，2012年

なお，本書の出版には，神戸学院大学法学部法学会の出版助成とともに，以下の研究助成を受けている。

＊科学研究費助成金（研究代表者）「難民に対する開発援助とアフリカにおける難民保護レジーム」（2006～2009年）
＊科学研究費助成金（研究分担者）「国際関係のアポリア問題とその解決方法についての基礎的研究─理論と実践の架橋」（2016～2019年）
＊科学研究費助成金（研究分担者）「人間の安全保障から考える難民保護と帰還の課題─世界に拡散したルワンダ難民の事例」（2016～2019年）

本書を執筆するにあたり，特にお礼を申し上げたいのは，3人の恩師である。学部時代の恩師である小倉充夫先生（津田塾大学名誉教授）は，国際移動に関する研究に目を向けるきっかけを与えて下さった。日本独自の発展を遂げる「国際社会学」の先駆者であり，南部アフリカにおける国際労働移動に関する研究に従事されていた先生の初年度ゼミに配属され，人の移動に関して学ぶ機会を得たことは，非常に恵まれたことであった。慶應義塾大学大学院時代には，日本におけるアフリカ政治，国際関係論のパイオニアである小田英郎先生（慶應義塾大学名誉教授，敬愛大学元学長）から指導を受ける機会を得た。先生から学んだことは多々あるが，アフリカを多角的な観点から理解する必要性と，研究者としてどのように地域に向き合い，理論と現実をつないでいかなければいけないかといった研究者としての心構えを特に教わったと思う。イギリスでのエセックス大学大学院博士課程在籍時代には，マイケル・フリーマン（Michael Freeman）先生（エセックス大学名誉教授）にたいへんお世話になった。先生からは，政治理論の観点から事象を分析する意義と研究者としての矜持を教わった。学生独自の発想を尊重し，常に迅速かつ的確な助言を下さる先生の指導がなければ，博士論文を完成することはできなかったであろう。また，本書の理

論的分析の一部は，フリーマン先生のチュートリアルで議論した問題でもある。尊敬する 3 名の先生方から多様な助言や指導を得ることができたのは，たいへん幸運なことである。いまだに学恩に応えることができていないが，先生方に少しでも近づけるよう，今後も精進していきたい。

　現任校である神戸学院大学では同僚たちやゼミ生たちに恵まれた。「談話室」での同僚たちとの様々な議論や雑談から研究のヒントや日々の活力を得ることができたことに感謝している。また，これまでに参加させていただいた様々な研究会や学会で知的な刺激を与えて下さっている先生方や友人たちにもお礼申し上げたい。2010年から12年にかけて客員研究員として筆者を温かく受け入れてくれたカナダのヨーク大学難民センターの皆様にもとても感謝している。カナダで行った 1 年半におよぶ在外研究の期間に，現地で出会った難民や難民支援に関わっていた人々との交流は，かけがえないものであった。現実に難民保護のために何をなすべきかを考えさせられる貴重な機会でもあった。

　本書を担当して下さった法律文化社の上田哲平氏には格別のお礼を申し上げたい。本書の執筆に行き詰まり，「逃亡」しそうになりがちな筆者がどうにか出版にたどり着けたのは，上田氏の叱咤激励，寛大な心と忍耐力の賜物である。

　最後に，私の研究を支援し，協力してくれている家族に感謝の気持ちを伝えたい。私の都合に振り回され，困惑しつつ，見守り，励ましてくれる家族がいなければ研究を続けることは不可能であっただろう。

　　　2018年　立春の神戸にて

杉 木 明 子

【著者紹介】

杉木 明子(すぎき あきこ)　神戸学院大学法学部教授

エセックス大学大学院政治学研究科博士課程修了　政治学博士（Ph.D.）
神戸学院大学法学部専任講師，同助教授，同准教授を経て，2013年より現職

〔主要業績〕
「ケニアにおける難民の『安全保障化』をめぐるパラドクス」『国際政治』第190号，2018年
『国際社会学入門』（共著）ナカニシヤ出版，2017年
『多文化「共創」社会入門―移民・難民とともに暮らし，お互いに学ぶ社会へ』（共著）慶應義塾大学出版会，2016年
"Problems and Prospects for the 'Regional Prosecution Model': Impunity of Maritime Piracy and Piracy Trials in Kenya," *Journal of Maritime Researches*, Vol. 6, 2016
『国際関係のなかの子どもたち』（共著）晃洋書房，2015年
『難民・強制移動研究のフロンティア』（共編）現代人文社，2014年

Horitsu Bunka Sha

国際的難民保護と負担分担
―新たな難民政策の可能性を求めて

2018年3月30日　初版第1刷発行

著　者　　杉木　明子

発行者　　田靡　純子

発行所　　株式会社　法律文化社
〒603-8031
京都市北区上賀茂岩ヶ垣内町71
電話 075(791)7131　FAX 075(721)8400
http://www.hou-bun.com/

＊乱丁など不良本がありましたら，ご連絡ください。
送料小社負担にてお取り替えいたします。

印刷：㈱富山房インターナショナル／製本：㈱藤沢製本
装幀：仁井谷伴子

ISBN 978-4-589-03924-8
© 2018 Akiko Sugiki Printed in Japan

JCOPY　〈(社)出版者著作権管理機構　委託出版物〉

本書の無断複写は著作権法上での例外を除き禁じられています。複写される場合は，そのつど事前に，(社)出版者著作権管理機構（電話 03-3513-6969，FAX 03-3513-6979，e-mail: info@jcopy.or.jp）の許諾を得てください。

坂本治也編
市 民 社 会 論
―理論と実証の最前線―
A5判・350頁・3200円

市民社会の実態と機能を体系的に学ぶ概説入門書。第一線の研究者たちが各章で①分析視角の重要性，②理論・学説の展開，③日本の現状，④今後の課題の4点をふまえて執筆。3部16章構成で理論と実証の最前線を解説。

高柳彰夫著
グローバル市民社会と援助効果
―CSO/NGOのアドボカシーと規範づくり―
A5判・258頁・3700円

「成長による貧困削減規範」から「人権規範」への転換を目指すCSO（市民社会組織）の歴史，提言，規範づくりに着目し，CSO独自の役割を包括的に検証。「グローバル市民社会」を核とする著者の国際開発研究の到達点。

川村仁子著
グローバル・ガバナンスと共和主義
―オートポイエーシス理論による国際社会の分析―
A5判・208頁・4900円

グローバル社会における政治思想としての共和主義の機能を分析・解明。理論と実践の二項対立を解消し動態的理論であるオートポイエーシス理論のグローバル社会分析への応用の有効性を示し，共和主義の現代的機能を考察する。

グローバル・ガバナンス学会編〔グローバル・ガバナンス学叢書〕
大矢根聡・菅 英輝・松井康浩責任編集
グローバル・ガバナンス学Ⅰ
―理論・歴史・規範―

渡邊啓貴・福田耕治・首藤もと子責任編集
グローバル・ガバナンス学Ⅱ
―主体・地域・新領域―
Ⅰ：A5判・280頁・3800円／Ⅱ：A5判・284頁・3800円

グローバル・ガバナンス学会5周年記念事業の一環として，研究潮流の最前線を示す。Ⅰ：グローバル・ガバナンスの概念とこれに基づく分析を今日の観点から洗いなおし，理論的考察・歴史的展開・国際規範の分析の順に論考を配置。Ⅱ：グローバル・ガバナンスに係る制度化の進展と変容をふまえ，多様な主体の認識と行動，地域ガバナンスとの連携および脱領域的な問題群の3部に分けて課題を検討。

望月康恵著
移 行 期 正 義
―国際社会における正義の追及―
A5判・192頁・4000円

紛争後の社会において過去のジェノサイドや人権侵害行為の処罰や事実解明を試みる際に国際社会が直面した正義の問題を検討。国際社会と主権国家の対立のなかで，個人責任の追及と国内社会の和解との関係を鋭く分析。

――法律文化社――

表示価格は本体（税別）価格です